JN126863

一九一五年夏 第一回 全国高校野球大会

幻のグラウンドの第一号アスリートたち

坂 夏樹
Saka Natsuki

さくら舎

はじめに

歴史に「もしも」は禁物という。

しかし豊中運動場にかぎっては、調べれば調べるほど、その姿を知れば知るほど、「もしも」といいたい衝動に駆られてしまう。

「もしも」豊中運動場がなければ、

夏の甲子園大会も、春のセンバツ大会もなかったかもしれない。

「もしも」豊中運動場がなければ、

ラグビーW杯への日本の出場は夢のままだったかもしれない。

「もしも」豊中運動場がなければ、

Jリーグの誕生は令和時代だったかもしれない。

「もしも」豊中運動場がなければ、

日本の近代スポーツの夜明けは半世紀遅れていたかもしれない。

「そんなことは戯言《ざれごと》だ」という方もおられるだろう。

ただ、豊中運動場の軌跡を追えば追うほど、豊中運動場が日本の近代スポーツの原点だったとの確信は強くなった。

大阪府豊能《とよの》郡豊中村新免（現・豊中市玉井《たまい》町）にオープンした豊中運動場は、元号が明治から大正に代わったばかりの1913（大正2）年から、わずか9年間存在したにすぎない。奇《く》しくも大正時代とほぼ同じ歩みだった。

東西150メートル、南北140メートルで、面積は6350坪（2万1000平方メートル）。オープン当時は、フェンスもなければ本格的な常設の観客席もなかった。一見すればただの原っぱにすぎなかった。

いまなら中学校の校庭に毛が生えた程度のものだ。高校野球の強豪校であれば、もっと立派な専用グラウンドを持っている。現代人が目《ま》の当たりにすれば、お世辞にも「日本の近代スポーツを牽引《けんいん》した」などといえる代物《しろもの》ではない。

ところが、近代スポーツの系譜を丹念《たんねん》にたどっていけば、その多くが豊中にたどり着くといっても過言ではない。

高校野球だけではない。

高校ラグビー、高校サッカー、陸上競技、バレーボール、バスケットボールと、輝かしい歴史が刻み込まれている。にもかかわらず、豊中運動場の存在は人々の記憶からも、スポーツ界の記録からも、ほとんど消し去られてしまった。

大正期のスポーツの地位が、まだまだ低かったからだろうか。

スポーツが文化として認識されるにいたらなかったからだろうか。

大きな功績を残していながら、いつの間にか「幻《まぼろし》のグラウンド」になってしまったことは寂しいかぎりだ。スポーツ黎明《れいめい》期のアスリートたちの情熱は、100年以上にわたって厚いベールの中に封じ込められてきた。

ベールを丁寧にはがしながら、日本の近代スポーツの原点を明らかにしていきたい。

なお、豊中運動場にはいくつかの呼称がある。「豊中運動場」「豊中グラウンド」のほかに

「豊中球場」「豊中原頭《げんとう》」などと呼ばれている。しかし、正式名を記した記録は残っていない。当時の資料として唯一《ゆいいつ》残り、阪急文化財団が所蔵している平面図に「豊中運動場」と記されていることから、本書では「豊中運動場」という呼称を正式名として使いたい。

登場人物の敬称は省略し、肩書や地名などはとくに注釈がないかぎり当時のままとする。

坂《さか》 夏樹《なつき》

目次◆一九一五年夏 第一回全国高校野球大会――幻のグラウンドの第一号アスリートたち

第1章　高校野球ここに始まる

第1回全国中等学校優勝野球大会

第2回全国中等学校優勝野球大会

第5章　豊中から世界が見えた

第6章　スポーツを文化に育てる

一九一五年夏第一回全国高校野球大会

——幻のグラウンドの第一号アスリートたち

第1章　高校野球ここに始まる

第1回全国中等学校優勝野球大会

幻のグラウンド・豊中運動場の歴史をひもとく

「高校野球発祥の地」

豊中運動場を語るとき、真っ先に登場するフレーズである。

1915（大正4）年8月。現在の全国高等学校野球選手権大会（夏の甲子園大会）の前身となる「全国中等学校優勝野球大会」の第1回大会が豊中運動場で開かれた。大阪朝日新聞社が主催して開かれたのは、豊中運動場がオープンして2年後のことだった。当時、豊中運動場は「東洋一」といわれていたが、まだまだ「知る人ぞ知る」グラウンドだった。全国デビューを果たし、スポーツの殿堂として日本人にあまねく知られるようになるきっかけとなった。

〝幻のグラウンド〟豊中運動場の厚いベールをはがす第一幕は、いまや日本の国民文化となった高校野球からたどってみる。

第1回大会の開幕から、豊中運動場のにおいを感じていただこう。

豊中市玉井町の一角に「高校野球発祥の地記念公園」（元高校野球メモリアルパーク）がある。道路をはさんで豊中運動場の正面跡と向かい合う形で設けられた記念公園は、当時の熱気を伝える貴重な空間となっている。

いまではすっかり閑静《かんせい》な住宅街になってしまった。1世紀前には、全国から旧制中学の球児が集《つど》い、熱戦を繰り広げていたとは想像もできない静けさが広がっている。

当時の豊中村は人口が3000人にすぎない。田んぼや畑、雑木林が広がる典型的な農村だった。のどかな田園地帯の真ん中に広がるグラウンドが、高校野球の歴史の第一ページを飾る日がやってきていた。

第1球はストライク——広島中－鳥取中（開幕戦）

1915年8月18日午前8時——。

豊中運動場はどんよりとした曇り空だった。

緊張した表情でホームベースをはさんで並んだのは、広島中（現・広島県立広島国泰寺《こくたいじ》

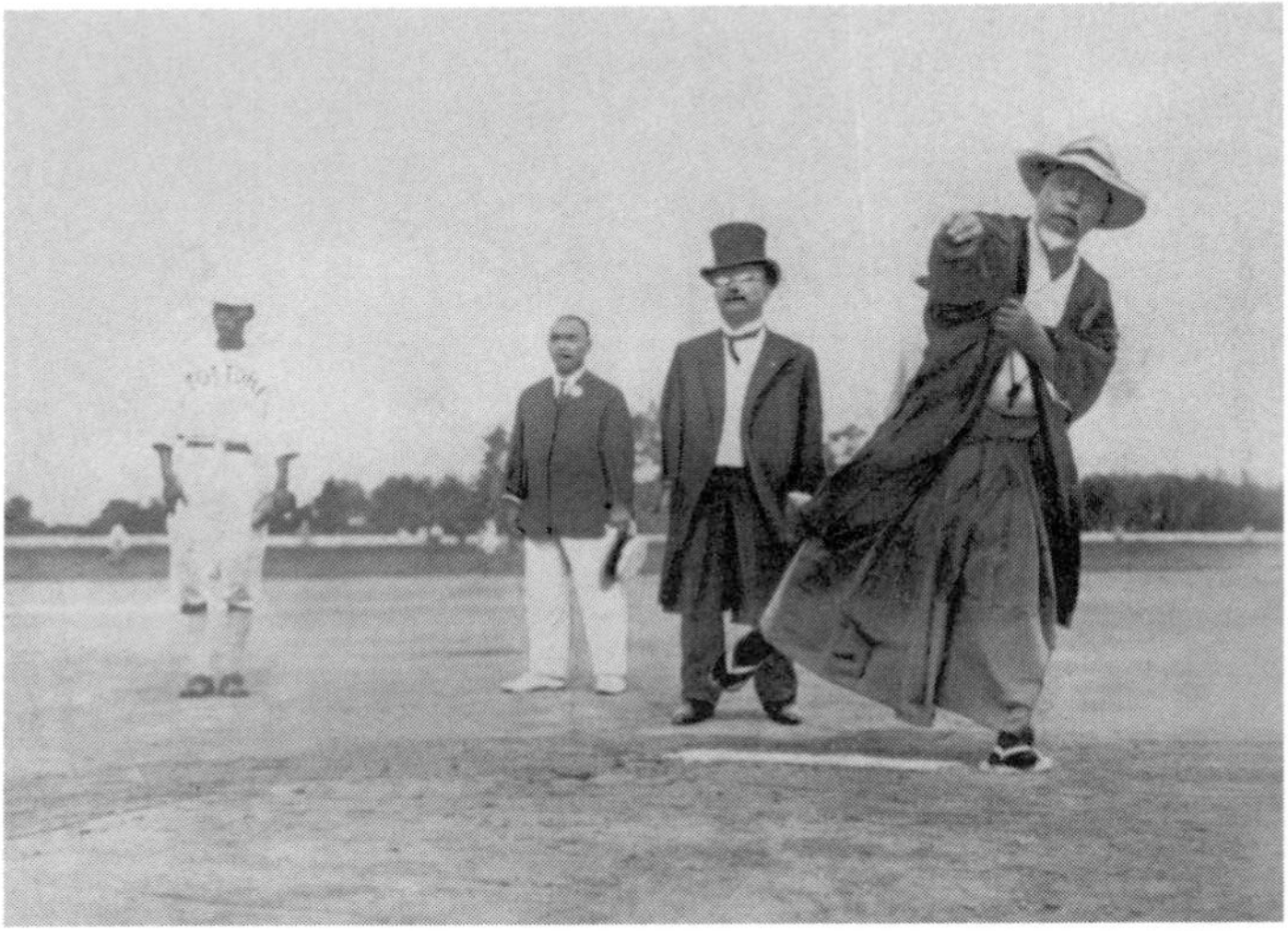

図版1　第1回大会の始球式。右から朝日新聞・村山龍平社長、京大総長・荒木寅三郎審判長、平岡寅之助副審判長、鳥取中学・鹿田投手（1915年8月18日、朝日新聞社提供）

高）と鳥取中（現・鳥取県立鳥取西高）の選手たちだった。

主催する大阪朝日新聞社の関係者はもっと緊張していたかもしれない。全国から出場チームを集めて大会を開くのは、史上初めてのことだった。畑や雑木林に囲まれたグラウンドは異様な緊張感に包まれていた。

大会の開幕といっても、現在の甲子園大会のような開会式があったわけではない。いまでは当たり前になっている入場行進も、開会宣言も、選手宣誓《せんせい》もなかった。

開幕にあたっておこなわれたセレモニーは、始球式だけだった。ただ、その仰々《ぎょうぎょう》しさは相当なものだったらしい。

ボールを握りしめてマウンドに立ったのは、羽織はかま姿の村山龍平《むらやまりょうへい》・大阪朝日新聞社社長だった。かたわらには山高帽にフロックコートの荒木寅三郎《あらきとらさぶろう》・京都帝国大学総長が審判長として立ち会った。真夏の熱気のなかで、正装の２人は流れる汗をぬぐおうともしなかった。

ピンと張り詰めた空気が豊中運動場に広がるなか、村山社長の始球式で、記念すべき開幕試合がはじまった。

【一回戦】（1915年8月18日）

広島中200010004＝7

鳥取中31000217×＝14

（広）岸－田部、増岡（鳥）鹿田－松田

大会第1球を投げたのは、鳥取中の鹿田一郎投手だった。

広島中の先頭打者・小田大助選手への初球はストライクだった。鹿田投手は「第1球は無我夢中で投げた。とてもカーブを投げるような状況ではなかったので、直球をど真ん中に決めた」という。

「もともと心臓は強いほうで、この試合まであがるということは決してなかった。ところがあの大がかりな大会の雰囲気、いかめしい始球式の光景にすっかりあがってしまった」と振り返った。

初々《ういうい》しさが漂う高校野球の第一歩だった。

広島中は4番の中村隆元選手が中堅越えの大会第1号本塁打を放つなど猛攻を見せたが、それを上回り14点の大量得点をあげた鳥取中が開幕戦を制した。

豊中運動場は当時の球児にとって、あこがれのグラウンドであり、夢の舞台だった。のちに日本高等学校野球連盟の会長をつとめ、〝高校野球界の天皇〟といわれた佐伯達夫《さえきたつお》は、こう激賞した。

「当時の豊中運動場は一流中の一流のグラウンドでした。日本一どころか、東洋一だった。選手は〝こんなところで野球ができるなんて〟と感激していましたよ」

外野のラインは縄張り

ただ、佐伯の称賛とは裏腹に、いまから考えるととんでもない事態が次々と起きていた。

開幕戦の広島中－鳥取中戦では、大会第1号の本塁打が出た。ただ、これはボールが外野スタンドに入った本塁打ではなく、いわゆるランニングホームランだった。

そもそも豊中運動場には、外野スタンドがなかった。

外野のライン（ホームランライン）は、等間隔に鉄製の杭《くい》を打ち、縄《なわ》を張って作った。縄を越えたら本塁打という、なんとも頼りないものだった。

しかし、大会第1号本塁打はこの縄を越えていない。草むらの中にボールが飛び込んで、外野手が探すのに手間取ったためだった。やっと見つけたボールを内野に返球したが、中継に手間取り本塁打になってしまったというのが真相だった。

少し油断すると、外野には、ひざが隠れるほどの雑草が生い茂ってしまった。草刈りが間に合わずに試合がはじまると、茂みの中に転がったボールを探し回る選手が続出、驚いて飛び出してきたカエルに選手も驚いた。

また、豊中運動場は野球以外の競技にも使われていた。杭やポールを立てるための穴がいたるところに掘ったままにしてあり、ボールがしばしばその穴に落ちてしまった。選手がはいつくばってボールを取り出しているすきに、単なる安打が三塁打になるという悲劇まで起こった。

いまのような階段状の大規模な観客スタンドはなかった。

図版２　第１回大会で秋田中を応援する奥羽県人会の人々（朝日新聞社提供）

観客席は木造のきわめて簡単なもので、５００人も座ると満席になったといわれている。真夏の日差しはよしず張りとテントで避けた。

観客は思い思いに地面に座って応援していたから、試合に夢中になった観客がファールラインを越えてあふれ出した。

ファールゾーンが曖昧《あいまい》だったこともあって、打球を追いかける選手がしばしば観客の中に飛び込んでしまい、危険極まりなかった。

交通網のない時代に全国大会を開催

「手作り感があふれる」といえば聞こえはいいが、いまから考えると豊中運動場はなんとも貧弱だ。それなのになぜ、絶賛され、球児たちのあこがれの地にまでなったのだろうか。

大正初めの中等学校野球事情に触れながら、開幕にこぎつけるまでの紆余《うよ》曲折を記していこう。しばしお付き合い願いたい。

明治の初めに米国から入ってきた〝ベースボール〟は、たちまち日本の学生の心をとらえてしまった。早慶戦や旧制高校の一高（第一高等学校、現・東京大の前身）と三高（第三高等学校、現・京都大の前身）の対抗戦が注目を集めた。

しかし、全国で圧倒的に人気を集めたのが旧制中学の中等学校野球だった。各地で地域大会がおこなわれ、地元校の活躍に一喜一憂するファンが会場にあふれた。

地域大会がとくに盛んだったのが、近畿地方と東海地方だった。

近畿では、１９１３（大正２）年にオープンしたばかりの豊中運動場で、スポーツ用品店・美津濃商店（現・ミズノ）が主催する「関西学生連合野球大会」がはじまった。関西では初めて、トーナメント戦で優勝チームを決める大会で、爆発的な人気を集めた。

また三高が主催して１９０１（明治34）年にスタートした「近畿中等学校連合野球大会」が有名だった。近畿のみならず東海、中国、四国の実力校を招待する対抗戦で、親睦大会の意味合いが強かったが、なによりも権威があった。

全国トップ級の実力校がしのぎを削っていた東海では、愛知、岐阜、三重、静岡、滋賀の中学校が参加して1902（明治35）年にはじまった「東海五県連合野球大会」が知られていた。

このほか、全国には旧制高校が主催する大会が数多くあった。

山陽では、第六高等学校（現・岡山大）が主催する「近県中等学校連合野球大会」。

東北では、第二高等学校（現・東北大）が主催する「東北地区中等学校連合野球大会」。

北陸では、第四高等学校（現・金沢大）が主催する「北陸関西中等学校野球連合大会」。

九州では、明治専門学校（現・九州工業大）が主催する「九州中等学校野球大会」。

そして帝都・東京では、出版社が主催する「東京府下中等学校野球大会」が開かれていた。

だが、地域大会はあるのに、日本一を決める全国大会はなかった。

「そんなに人気があるのなら、全国大会があってもいいのに」と疑問がわくかもしれない。

しかしそれは、当時の社会事情を知れば致し方ないことだった。

なにより、交通も通信も、現在では考えられないほど貧弱だった。

鉄道はようやく大都市間を結ぶ幹線網ができたばかりだった。山陰の松江中（現・島根県立松江北高）などは、近畿地方で開かれる試合に出場するために、中国山脈を徒歩で越えて山陽側に出たというぐらいだ。

また、野球はまだ「学生の道楽」だった。野球に熱中するあまり学業をおろそかにしていると、野球部を廃部にしてしまう校長が続出した。一定以上の成績をとれない選手は、容赦《ようしゃ》なく試合出場禁止処分を受けた。

試合会場では応援が過熱するあまり、大乱闘が起きるのは日常茶飯事《さはんじ》だった。対抗戦は、学校と地域の名誉をかけた命懸けのものになっていた。業《ごう》を煮やした校長が、他県への遠征を禁止してしまうことも珍しくなかった。

大会の発案者は不明のまま

中等学校野球の人気が高まる一方で、全国大会の開催は一筋縄《ひとすじなわ》ではいかなかった。ただ、豊中運動場という東洋一のグラウンドがあったからこそ、スムーズに計画が進展したことだけは間違いない。

どのような経緯から豊中運動場で開かれることになったのだろうか。たどってみよう。

現在まで夏の甲子園大会を主催してきた朝日新聞社が、強力なリーダーシップで開催にこぎつけたのは間違いない。

ただ、いつ、だれが発案してはじまったのかは定かではない。

いろいろな説が残っているが、いまとなっては、どれが真相だったのかわからない。

▽朝日新聞記者発案説

大阪朝日新聞の運動担当記者が発案し、村山龍平社長が即座に認可して開催が決まった。担当記者が、豊中運動場を運営する箕面有馬《みのおありま》電気軌道（現・阪急電鉄）に大会計画を持ち込んで実現した。

▽阪急電鉄事業部員発案説

箕面有馬電気軌道の事業部員が、豊中運動場で大きなイベントができないかと考え、京阪神の中等学校野球大会を立案した。計画を聞いた専務の小林一三《こばやしいちぞう》（阪急電鉄の創業者）が「どうせなら大きくやれ」と、全国規模での開催を命じた。事業部員が、大阪朝日新聞社に全国大会の計画を持ち込んで実現した。

▽三高野球部員発案説

当時、関西で圧倒的な強さを誇っていたのが京都二中だった。同中出身で第三高等学校の野球部員が「全国大会があれば京都二中が優勝して、その実力を全国に知ってもらえる」と考えた。三高単独ではとても全国大会はできないので、知り合いの大阪朝日新聞記者に大会計画を持ち込んで実現した。

春のセンバツの起源はミズノ

また、豊中運動場での開催には、大きな問題があった。

豊中運動場では8月に、美津濃商店が主催する関西学生連合野球大会が開かれていた。京阪神以外の中等学校の参加が増えて、勝ち抜きトーナメント戦の大会として人気が急上昇していた。数日前から、蚊帳《かや》を持ち込んで入場を待つ長い行列ができるほどだった。

同じ時期に、同じ中等学校のトーナメント大会を開くわけにはいかない。人気の大会だっただけに、美津濃商店が夏の豊中運動場での開催権を簡単にゆずってくれるとは思えなかった。

相当難しい交渉になるのではないか。

覚悟を決めた大阪朝日新聞の記者が、美津濃商店の創業者である水野《みずの》利《り》八《はち》を訪ねた。「朝日新聞で全国大会を開催したいのだが」と相談を持ちかけた。

すると利八は即座に「結構です。朝日新聞でやってもらうほうがどれだけ野球のためになるかわからしまへん」と了承し、あっさりと開催権を放棄した。説得に時間がかかると思っていた記者はあっけにとられてしまった。

大阪朝日新聞社は、夏の豊中運動場で全国大会を主催することを決めた。美津濃商店は翌年から、関西学生連合野球大会を春に開催するようになった。そしてこの大会は、のちの選抜高校野球大会開催につながっていく。

開催準備期間はわずか1ヵ月半

1915年7月1日。

大阪朝日新聞の一面に社告が掲載された。少し長くなるが、全文を記しておきたい。

「全国優勝野球大会／来《きた》る八月中旬豊中において挙行」

「各地代表中等学校選手権仕合」

――野球技の一度我国に来りてより未だ幾何《いくばく》ならざるに今日のごとき隆盛を観るに至れる

は同技の男性的にして、しかもその興味とその技術とが著《いちじる》しく我国民性と一致をせるによるものなるべし。ことに中学程度の学生間にもっともあまねく行われつつありて東海五県大会、関西大会などをはじめとし、各地にその連合大会の挙を見ざるなきに至れり。しかも未だ全国の代表的健児が一場に会して、溌溂《はつらつ》たる妙技を競う全国大会の催しあるを見ず。本社はこれを遺憾《いかん》としここに左の条件により夏季休暇中の八月中旬を卜《ぼく》し、全国各地方の中等学校中よりその代表野球団、すなわち各地方を代表せりと認むべき野球大会における最優勝校を大阪に聘《へい》し、豊中グラウンドにおいて全国中等学校野球大会を行い、以《もっ》てその選手権を争わしめんとす。

一、参加校の資格はその地方を代表せる各府県連合大会における優勝校たる事
一、優勝校は本年大会において優勝権を得たるものたる事
一、選手の往復汽車または汽船賃は主催者において負担する事

格調高い文章だが、「豊中グラウンドでおこなう」「往復の交通費は朝日新聞が負担する」ということ以外、具体的なことは書かれていない。走りながらの大会準備だったことがよくわかる。

高らかに開催を打ち上げたものの、全国から豊中に代表校を集めて選手権大会を開くとい

う日本初の試みは容易なことではなかった。庶民が東北や九州から大阪に行くというのは、現在でいえば外国に行くような感覚だった。

電話が引かれていない街や集落は珍しくなかった。電報一本を打つのでさえ一日がかりという地域が全国にたくさんあった。全国からチームを集めて大会をするのは、現代では想像できないほどの大事業であり、資金面でも運営面でも課題が多かった。

それに加えて、社告が載った7月1日から開催まで1ヵ月半しかなかった。短時間ですべての準備を終えなければならない。朝日新聞の関係者は、文字どおりの不眠不休で開催にこぎつけた。

参加校の資格は「その地方を代表する各府県連合大会の本年大会の優勝校」だった。従来開催されている地域大会を、急遽《きゅうきょ》予選大会として、その覇者《はしゃ》に参加資格を与えることにした。

該当する大会がない地区では、予選を設ける必要があった。朝日新聞社は京津《けいしん》(京都と滋賀)、兵庫、山陽、九州の4地区で予選大会を開くことを決めた。

それにしても、あまりに時間が短すぎた。

北陸では、第四高等学校主催の北陸大会がすでに8月22日開幕で決まっており、代表校を出せないと連絡してきた。

東京では、3月に開催された東京府下大会の優勝校を代表校にすることにした。しかし当然のことだが、府下大会には3月末に卒業した選手も参加していた。卒業生が参加していた大会の結果をそのまま使うのは無茶だったが、「本年大会の優勝校であればいいだろう」とそのまま認めてしまった。

東北では、単独で東北の代表校として申し込んできた秋田中（現・秋田県立秋田高）に対して、朝日新聞社は「予選大会の結果を送ってほしい」と要請した。秋田県内の3校で臨時の東北大会を開催して代表校を決めた。

どの地区もドタバタで代表校を決めざるをえなかった。

大阪朝日新聞社会部記者だった田村木国《たむらもっこく》は開催に向けて奔走《ほんそう》した当時を振り返り、このように述懐《じゅっかい》している。

「8月中旬に大会を開くとして、それまでの1カ月半に地方予選会をどうしてやるか。この方はまず無理矢理にできるとしても、果たして優勝校の中学生が九州の果てや東北の隅《すみ》からわざわざ大阪へ来てくれるかどうか。今日から思うとウソのような話だがその時の一番大きな懸念《けねん》だった」

いまでは信じられない話だが、出場をしぶる学校へは田村が直接出向いて説得したという。夏季休暇中とはいえ、学業を放置して、遠い土地へ何週間も出かけて野球三昧《ざんまい》の日を過ごすなどもってのほかと、参加許可を与えない学校長が珍しくなかった。

準備が急ピッチで進むなか、全国中等学校優勝野球大会の第1回大会は、1915年8月18日に開幕、会期5日間と正式に決まった。

当初は3日間の予定だったが、想定を超える10校の参加が確定したことから、急遽2日間延ばした会期で開催することになった。

代表校が総崩れとなった阪和予選大会

本大会の開幕前に、豊中運動場では2つの地区の予選大会がおこなわれた。〝プレ大会〟の様相を示し、前景気をあおった。

一つは、地元・大阪と和歌山の代表を決める阪和《はんわ》地区の予選大会だった。もう一つは、島根と鳥取の学校が激突する山陰地区の予選決勝だった。

どちらも波乱だらけの大会で、本大会以上に盛り上がった。

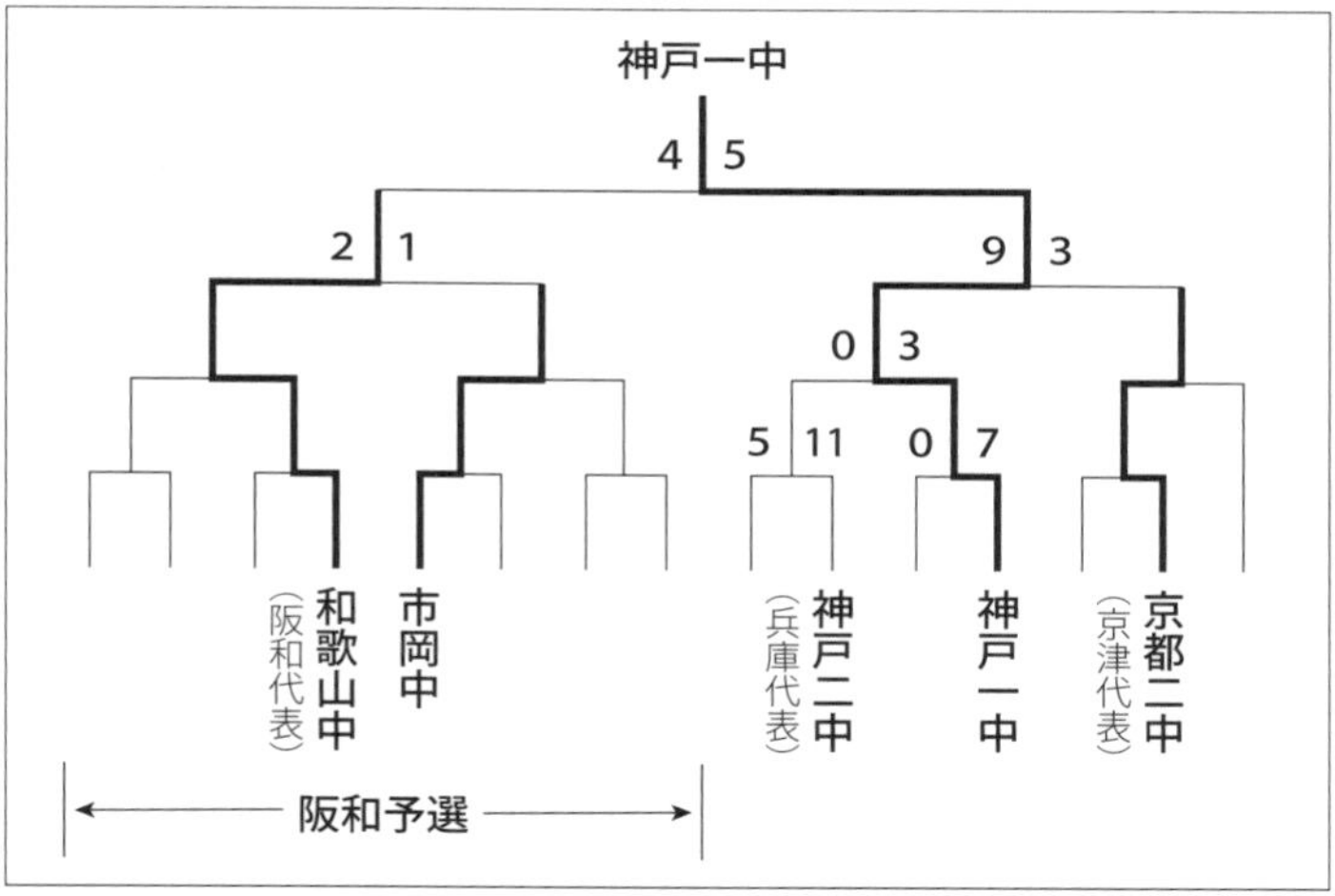

図版３　代表校がすべて神戸一中に敗れた阪和予選（第３回関西学生連合野球大会）

大阪・和歌山の代表は、８月７日から豊中運動場で開かれる第３回関西学生連合野球大会の結果をもって選出することになった。夏の恒例の大会として、すでに開催準備が進んでいたため、大阪・和歌山の予選大会を兼ねることになった。

問題は、大阪、和歌山以外の府県のチームも出場していることだった。単純にトーナメント戦をしてしまうと、一回戦で大阪と和歌山のチームがすべて敗退してしまう可能性があった。

そこで変則的な組み合わせヤグラ（トーナメント表）を組むことになった。

出場校のうち、大阪と和歌山の８校で１ブロック、その他の府県の出場校７校でもう1ブロックを組む。大阪・和歌山の出場校で固めたブロックを予選大会とし、準決勝の第2試合が阪和予選の決勝となるようにした。

決勝は阪和代表校と、阪和以外の勝ち上がり校がぶつかり、第3回関西学生連合野球大会の優勝校とした。

主催する朝日新聞社は「絶妙な組み合わせのヤグラができた。これでスムーズに阪和代表が決まる」とほくそ笑んだにちがいない。ところが、思いもよらぬ大きな落とし穴に遭遇《そうぐう》する。

すでに兵庫の代表に決まっていた神戸二中（現・兵庫県立兵庫高）と、京津代表に決まっていた京都二中（現・京都府立鳥羽高）の参加が波乱の種となった。

波乱の呼び水となったのは「雨」だった。

8月10日の神戸一中（現・兵庫県立神戸高）－神戸二中戦が開始直後から雨になり、三回ノーゲームで翌日の再試合となった。

【第3回関西学生連合野球大会・準々決勝】（8月11日）

神戸一中3－0神戸二中

兵庫代表に決まっている神戸二中は、万が一にも負けるようなことがあると、代表校の名に傷がつく。ましてや相手はライバルの神戸一中。「神戸の早慶戦」とまでいわれていただけに注目度は高い。10日の試合は、2点リードされたままのノーゲームという嫌な展開だった。

神戸二中は「勝たなければならない」より「負けることができない」に気持ちが傾いてしまう。投手と三塁手の故障を理由に再試合の棄権を申し出て、開始時間になっても姿を見せなかった。

主催者は「スポーツの本分に甚《はなは》だしくもとる」と、神戸二中の棄権を認めなかった。結局、3時間半遅れで試合ははじまったものの、精気を失った神戸二中に勝機はなく、神戸一中が快勝した。

【第3回関西学生連合野球大会・準決勝】（8月12日）

神戸一中9－3京都二中

神戸一中の勢いは止まらなかった。

12日の準決勝第1試合では、京津代表の京都二中と対戦した。打線が爆発した神戸一中は、京都二中にも勝ってしまった。前日につづき、全国大会代表校を粉砕《ふんさい》する快挙となった。

【第3回関西学生連合野球大会・準決勝】（阪和予選決勝）

和歌山中000002000＝2

市岡中　010000000＝1

一方、阪和予選の決勝となった準決勝第2試合は、和歌山中（現・和歌山県立桐蔭《とういん》高）－市岡中（現・大阪府立市岡高）の対戦となった。和歌山中が六回に逆転して勝利をおさめ、阪和代表校の栄誉に輝いた。

【第3回関西学生連合野球大会・決勝】（8月13日）

和歌山中102100000＝4

神戸一中00200102×＝5

第3回関西学生連合野球大会の決勝は、阪和代表を決めた和歌山中と、2つの代表校を撃破した神戸一中の対戦となった。

神戸一中は、後半には強烈《きょうれつ》な追い上げを見せて、和歌山中を破った。近畿の3つの代表校をすべて打ち負かした大波乱で、主催者の朝日新聞社は顔色《がんしょく》を失ったのではないだろうか。

神戸一中の快進撃を知って、豊中運動場に応援に駆けつけたファンは「ホンマに強いんは（神戸）一中や」「全国大会に出たら優勝間違いなしや」と興奮したという。

神戸一中・主戦投手の久保田選手は3年生ながら、神戸二中との再試合を含めて6日間で5試合を投げ抜いた。「私は小柄だし、学年も3年だし、体力がないし、暑い盛りでしたから決勝はもうよれよれでした」と笑顔で話した。

神戸一中は、その応援でも話題を呼んだ。

当時の学生の応援は、鳴り物を山のように持ち込んで、ただひたすら大声で怒鳴りつづけるというきわめて単純なスタイルだった。要するに騒々しいだけの応援がごく普通だった。

しかし神戸一中は1年生から5年生まで、学年別に色が違う旗を振っての応援だった。「一中の五色の応援」といわれ、さわやかな応援が評判だった。

島根と鳥取、因縁の予選対決

大波乱となった阪和予選大会（第3回関西学生連合野球大会）の翌々日の豊中運動場では、またしても波乱含みの試合がおこなわれた。

山陰の代表校を決める遺恨《いこん》試合だった。

山陰地区の代表は、島根県と鳥取県の代表校による決定戦で決めることになっていた。鳥取県の代表は、冒頭に紹介した開幕戦に出場することになる鳥取中、一方の島根県代表は杵築《きづき》中（現・島根県立大社《たいしゃ》高）だった。

「山陰代表を決めるのだから、わざわざ豊中まで行って決定戦をやらなくてもいいじゃないか」という声が聞こえてきそうだ。しかし、当時の山陰球界をおおう怨恨《えんこん》は、そんなことを許さなかった。

島根、鳥取2県で代表1校を出場させたことからわかるように、当時の山陰勢の実力はきわめて高く、地元の野球人気も相当なものだった。応援は過熱を通り越して、しばしば暴動を巻き起こした。

2年前の1913年に開催した山陰大会で、米子中《よなご》（現・鳥取県立米子東高）と松江中が対戦したときのことだった。米子中の応援団が木刀や竹ざおを振り回して松江中の応援団席に乱入し、大乱闘になった。憤慨《ふんがい》した松江中は、試合を放棄して帰ってしまった。

両県の遺恨の根は深く、以降は山陰大会を開けなくなってしまった。この年の山陰代表決定戦も「島根、鳥取のどちらで開いても危険だ」と開くに開けなかった。結局、本大会開幕の直前になって「豊中でやるしかない」と急遽、豊中運動場での開催が決まった。

【山陰代表決定戦】（1915年8月15日）

鳥取中001000103＝5

杵築中100001000＝2

山陰代表決定戦がおこなわれた8月15日は日曜日だった。

島根と鳥取の因縁《いんねん》の対戦が豊中で開かれると評判が評判を呼び、大阪には無関係の山陰の2校の試合だというのに、会場は超満員になった。

九回に3点を奪う猛攻で勝ち越した鳥取中が、杵築中を降して山陰代表となった。

杵築中の不調には理由があった。

真夏の大阪に乗り込んできた杵築中選手が目にしたのは、街角で売っているイチゴ味やレモン味の氷水だった。当時、島根ではめったに見ることのない色鮮やかな氷水に飛びつき、ほとんどの選手が腹をこわしてしまった。

加えて、試合当日の朝に食べさせられた餅《もち》が下痢《げり》をさらに悪化させた。地元では端午の節句についた餅を食べると戦いに勝てるとの習わしがあり、選手たちはカビだらけの餅をたらふく食べていた。

主将の千家剛麿投手は体調を崩すことなく投げつづけることができた。一方で、攻守交替なのに手洗いから出られなかったり、下痢がひどくて歩けなくなる選手まで出てきた。力を出し切れず、無念の涙をのんだ。

試合後、千家主将は鳥取中ナインに対し「いままでは敵だったがこれからは味方だ。豊中に残って善戦してほしい」とエールを送った。鳥取中は「杵築中の分まで精一杯戦い抜く」と誓ったという。

豊中運動場が生み出したのは、遺恨を乗り越えて互いにたたえ合うさわやかなスポーツマンシップだった。

ようやくそろった代表10校

大正時代に全国大会を開くことが、いかに難事業であり、思わぬアクシデントが頻発《ひんぱつ》していたか、わかっていただけただろうか。

いまは華やかに開かれている高校野球も、創生期には次々とハプニングに見舞われて、右往左往しながら開催にこぎつけていた。

豊中運動場で代表決定戦をおこなって鳥取中が山陰代表に決まり、ようやく出場する10校が決定した。

開幕の３日前だった。大会本部は薄氷《はくひょう》を踏むような思いで開幕を迎えたことだろう。出場校は次の10校となった。

東北＝秋田中
関東＝早稲田実
東海＝山田中（現・三重県立宇治山田高）

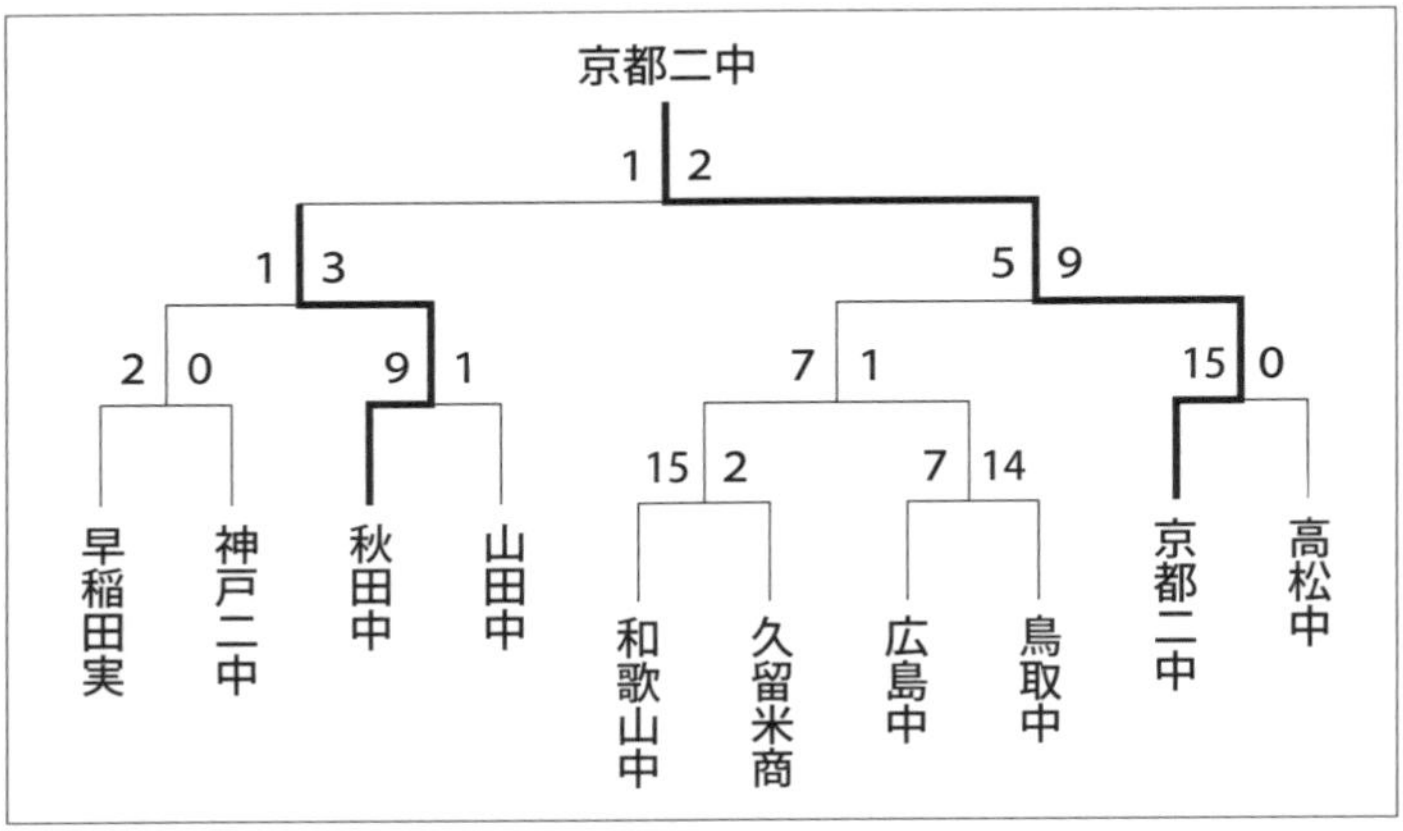

図版４　第１回全国中等学校優勝野球大会、1915（大正４）年８月開催

京津＝京都二中
兵庫＝神戸二中
阪和＝和歌山中
山陽＝広島中
山陰＝鳥取中
四国＝高松中（現・香川県立高松高）
九州＝久留米商業（現・久留米市立久留米商業高）

１９１５年８月18日の大会第１日、開幕試合となった広島中－鳥取中戦は、前述したように鳥取中が勝利をおさめた。

鳥取中は３日前に、山陰代表決定戦で豊中運動場での試合を一足先に経験していた。多少落ち着いてプレーできたぶんだけ、有利だったのかもしれない。

15奪三振で完封勝利——京都二中－高松中（第1日）

大会初日の第2試合は、京都二中と高松中の対戦となった。

高松中が優勝した四国地区の予選大会も波乱の大会だった。

香川と徳島の計8校で争った四国大会は、高松中と香川商（現・香川県立高松商業高）の決勝になった。

猛烈な打撃戦で延長戦に突入した。ところが死球の判定をめぐって混乱し、興奮した応援団がグラウンドになだれ込む騒ぎになった。

記録では11－11の同点ながら、「香川商投手疲労のため、高松中の勝利」とされている。しかし、憤慨した香川商が試合放棄したため高松中の勝利となったのが真相らしい。球場での乱闘騒ぎが原因で試合放棄や没収試合になることは、日常茶飯事だった。

【二回戦】（8月18日）

京都二中００２１０１２２７＝15
高松中　０００００００００＝０

（京）藤田－山田　（高）大西－加納

試合は終始、京都二中のペースで進んだ。京都二中の主戦・藤田元投手が15奪三振の好投を見せて15－0の完封勝利をおさめた。

真夏の思わぬ伏兵――早稲田実－神戸二中（第1日）

大会初日の第3試合は、早稲田実と神戸二中がぶつかった。

優勝候補の筆頭にあげられていた早稲田実業は、3月に開かれた東京府下大会で優勝していたことから出場権を獲得《かくとく》した。

いちおう関東代表ということになっていたが、実際には東京府内の予選結果だけで決めたことになり、厳密にいえば東京代表だ。

加えて3月に開催した東京府下大会には、卒業生が出場していた。前年度の卒業生が参加した試合の結果から、8月開催の大会の代表校とするのは理に合わないが、やむをえないことだった。

【二回戦】（8月18日）
早稲田実000011000＝2
神戸二中000000000＝0
（早）臼井－岡田　（神）今村－睦好

早稲田実は、臼井林太郎投手の好投と、盗塁をからめた抜け目のない攻撃で、神戸二中に零封《れいふう》勝ちした。

一方、神戸二中は思わぬ〝伏兵〟におそわれていた。

神戸二中の選手は、前日に食べた魚が傷《いた》んでいたようで、激しい腹痛に悩まされていた。守備から戻るたびに手洗いに駆け込む選手が相次いだ。

冷蔵設備が貧しいなかで、力をつけようと食べた魚が仇《あだ》になってしまった。真夏の大会の健康管理にはまだまだ課題があった。

一日に3連戦も当たり前――和歌山中‐久留米商（第2日）

8月19日、大会は第2日となった。

第1試合は和歌山中と久留米商業が対戦した。

久留米商は、福岡の7校と長崎の1校が参加した九州地区予選大会で優勝を飾り、出場を決めた。ところがこの九州大会は、とんでもない日程だった。

会期はわずか2日間。1日目に4試合、2日目に一気に準決勝と決勝をおこなうという、地獄のような日程だった。

加えて、悪いときには悪いことが重なる。1日目の第4試合、豊国中‐福岡師範が日没のため翌日に順延になってしまった。2日目は順延の試合と準決勝2試合、決勝と計4試合をおこなうことになった。

貧乏くじを引いたのは豊国中だった。

福岡師範を8‐2で破った豊国中は、時間を空けずにはじまった準決勝で中学修猷館《しゅうゆうかん》にも勝ち決勝に進出する。

しかし豊国中の選手はこの日すでに2試合を戦っており、疲労はピークに達していた。3

試合目を戦う余力はなく決勝を棄権したため、久留米商の優勝となった。

真夏の炎天下に一日で3連戦は拷問《ごうもん》に近い。しかし当時は問題にさえならなかった。

【一回戦】（8月19日）
和歌山中300002091＝15
久留米商100001000＝2
（和）戸田－矢部　（久）城崎－田中

和歌山中は、相手チームの失策や四死球の多さにも助けられ、畳みかける攻撃で15点の大量得点をあげ快勝した。

一昼夜列車に揺られて大阪入り——秋田中－山田中（第2日）

大会第2日の第2試合は、秋田中と山田中が激突した。

この大会で、もっとも遠くから豊中にやってきたのが秋田中だった。

当時の秋田の中学生にとって、大阪まで出かけていって試合をするというのは、現在の高校生がアメリカに行って野球をするような感覚だった。選手たちは一昼夜、列車に揺られつづけて大阪に到着した。さすがに疲れ切ってヘトヘトだったという。

秋田中が代表権を獲得した東北地区の予選大会も曲者《くせもの》だった。そもそも、東北大会といいながら参加したのは秋田県の3校だけだった。これには理由があった。

朝日新聞社から全国大会開催の連絡を受けた秋田中は、てっきり「自校が出場権を得た」と思い込んでしまった。しばらくして「予選の結果を送れ」という連絡を受けて大あわてする。東北大会を開催する時間などなかった。急遽、秋田県内の2校に声をかけて〝予選大会〟を実施したというのが真相だった。

とうてい地区予選とはいえない大会だった。しかし、秋田中がこの大会で決勝戦まで勝ち進んだことを考えれば、全国トップ級の実力があったのは間違いない。

【二回戦】（8月19日）

秋田中102300201=9

山田中000001000=1

（秋）長崎－渡部　（山）西川－菊川武

試合は投攻守に勝る秋田中が山田中を圧倒した。

〝台風の目〟散る――和歌山中－鳥取中（第3日）

8月20日、大会は第3日に入った。

第1試合は二回戦の最後の試合となる和歌山中－鳥取中となった。鳥取中は開幕試合で広島中に14－7で、和歌山中は久留米商に15－2で、ともに快勝している。勢いに乗る両校が準決勝進出をかけて対戦した。

【二回戦】（8月20日）
和歌山中000000007＝7
鳥取中　000000010＝1
（和）戸田－矢部　（鳥）鹿田－松田

試合は劇的な展開となった。鳥取中は八回裏、1点をあげて逃げ切るかに見えた。しかし和歌山中は九回表に猛反撃に転じ、一挙に7点を奪取して勝利をもぎ取った。

図版5　第1回大会参加各校の地方大会優勝旗と本大会優勝旗（中央）。下右は8/19の山田中 - 秋田中戦で三塁打を放って走る秋田中の羽石選手。下左は8/20の和歌山中 - 鳥取中戦で本塁に滑り込んで刺される和歌山中の永岡選手（朝日新聞社提供）

山陰代表決定戦を豊中で戦い、開幕試合を投げ抜いた鳥取中の鹿田一郎投手は、この大会の〝台風の目〟だった。好投しながら、最後は力尽きた鹿田投手について、当時の新聞は「鹿田一人で戦い鹿田一人で敗れた」と評した。

鹿田投手は豊中運動場の独特の雰囲気についてこう話した。

「何しろ和歌山中は場所に慣れていて応援団の助勢があった。我々は場所にも慣れず動揺しがちだった。我々のようなチームが大都会のグラウンドに出るについては猶大《なおおおい》に奮闘の必要がある」

「ミミズ電車」が運ぶアスリートの夢

第1回全国中等学校優勝野球大会は、早稲田実業、秋田中、和歌山中、京都二中がベスト4に名乗りを上げた。準決勝の激突を前に、選手や観客を運び、豊中運動場初の全国大会を支えた「ミミズ電車」について触れておきたい。

豊中運動場を建設したのは、小林一三が設立した箕面《みのお》有馬《ありま》電気軌道だった。現在の阪急電鉄である。1910（明治43）年3月に梅田－宝塚間と支線の箕面－石橋間で営業運転をはじめた。全国中等学校優勝野球大会がおこなわれる5年前のことだ。

沿線は田畑や雑木林がつづき、人家はまばらだった。宝塚は寂《さび》れた湯治《とうじ》場で、箕面には大《おお》滝《たき》以外にこれといったものはなく、季節の行楽客以外に大勢の乗客を望めなかった。

沿線にはミミズしかいない。

乗客は人間よりミミズのほうが多い。

電車が走るたびに大量のミミズが轢《ひ》き殺される。

口の悪い大阪人は、「ミミズ電車」と呼んだ。

当時、京阪神では私鉄の開業ラッシュだったが、ほとんどが都市と都市を結ぶ都市間電車だった。典型的な郊外電車だった箕面有馬電気軌道は、当初から厳しい経営を強《し》いられていた。

「そのうちミミズもいなくなって潰れるだろう」と陰口をたたかれる始末だった。

この苦境に対して、小林一三は、ユニークな施策を次々と打ち出していった。〝近代企業経営の神様〟といわれた小林一三のアイデアが豊中運動場を生み出した。

小林一三は、「乗客がおらんのやったら乗客をつくりだしたらええ」と考える。開業早々から、「池田《いけだ》室町《むろまち》住宅地」「桜井住宅地」と相次いで沿線の大規模な住宅開発をはじめた。職住一体が普通の生活スタイルだった当時、都市郊外の住宅地開発は奇想天外に見えた。私鉄が沿線で進める住宅開発は、現在では普通のことだが、小林一三が100年前に考え出した手法だった。

当時のサラリーマンは、退職金で一戸建てのマイホームを手に入れて余生を過ごすのが一般的だった。小林一三は住宅を月賦《げっぷ》で販売して、現役のサラリーマンでも容易にマイホームを手にできるようにした。

「仕事は都心で、住まいは郊外で」を実現する販売手法は、大正時代には画期《かっき》的だった。

住宅地開発と並行して、乗客の確保のために進めたのが行楽施設の建設だった。宝塚には「宝塚新温泉」、箕面には「箕面動物園」を設けた。大阪市内に誕生しはじめたサラリーマン家庭のニーズに合致する、新しいタイプの行楽地を沿線に造り出していった。

豊中運動場も行楽地開発の一環だったといわれているが、豊中住宅地のど真ん中に建設されたことから、住民の健康増進のために造ったともいわれている。

いずれにしても、小林一三は冴《さ》え渡っていた。「どうせグラウンドを造るのなら、近所の住民が体力づくりに使うようなレベルに止めるな。一流の選手が競技できるような立派なものを造れ」と指示したようだ。

実際に建設工事は、当時の一流の技術を駆使したものになった。

大規模な住宅開発と積極的な行楽施設の整備で、ミミズ電車は息を吹きかえした。

豊中運動場への交通アクセスは箕面有馬電気軌道だけだった。大阪市内からの道路は、荷馬車がすれ違うこともままならない能勢《のせ》街道以外になかった。選手やスタッフたちは、専用の特別電車で会場入りした。

豊中にもいた〝魔物〟――早稲田実－秋田中（第3日）

大会は第3日の第2試合から準決勝に入った。

特別電車で会場入りした早稲田実と秋田中が、決勝進出をかけて激突した。

優勝候補の筆頭だった早稲田実は二回戦で零封勝ちしており、チームには「優勝は決まったも同然」との空気が広がっていた。

前夜には関西在住の卒業生らが宿舎に押しかけた。選手そっちのけで前祝いと称するどんちゃん騒ぎを夜中まで繰り広げていた。

対する秋田中は、前日の山田中戦から連戦となる。連投となる長崎広投手に「影響が出ないか」と懸念の声が漏れた。楽勝ムードの早稲田実と対照的に少し重い雰囲気だった。

【準決勝】（8月20日）

早稲田実000001000＝1

秋田中　1010001×＝3

（早）臼井－岡田　（秋）長崎－渡部

秋田中が少ないチャンスを確実に得点に結びつけたのに対し、早稲田実は拙攻《せっこう》が目立った。

連投の疲れが見える秋田中・長崎投手の調子はよくなかったが、早稲田実の攻めに甘さが目立った。

試合前の予想をくつがえして秋田中が勝ち、決勝進出を決めた。

早稲田実に油断はなかったのか。

のちに明治大学の名監督となる岡田《おかだ》源三郎《げんざぶろう》捕手は「秋田中学を完全になめてしまっていた。七回ぐらいになると泣き出す選手までいて、もう野球にならなかった」と肩を落とした。

「甲子園には魔物がいる」といわれる。

豊中運動場にも魔物がいたようだ。

豪雨で再試合――和歌山中－京都二中（第4、5日）

豊中運動場は〝自然豊かな〟田園地域にあった。こんな話が残っている。

1922（大正11）年、豊中運動場の北東約2キロに豊中中学（現・大阪府立豊中高）が開校した。

通学時の注意は次の2つだった。

「道路に井戸が二つあり、一つはふたがないので落ちないように」

「道路以外は非常に危険なので絶対に歩かないように」

野《の》井戸（地面を掘っただけの井戸）や野壺《のつぼ》（肥溜《こえだ》め）を避けながら通学したというのだか

ら、当時の豊中運動場の周辺を容易に想像することができる。
8月21日、大会は第4日となり、準決勝の2試合目となる和歌山中－京都二中を迎えた。この日は朝から厚い雲におおわれていて、空模様を気にしながら試合がはじまった。両チームが1点ずつを奪取して迎えた九回裏、突然の豪雨におそわれ、ノーゲームになった。

【準決勝・降雨ノーゲーム】（8月21日）
和歌山中010000000＝1
京都二中01000000　＝1
（和）戸田－矢部　（京）藤田－山田

翌22日の大会第5日に、再試合がおこなわれた。

【準決勝・再試合】（8月22日）
和歌山中020000030＝5
京都二中20111121×＝9

（和）戸田－矢部　（京）藤田－山田

試合は点の奪い合いとなった。終盤の和歌山中の追い上げをかわした京都二中が、決勝への進出を決めた。

深紅の大優勝旗は京都二中へ――秋田中－京都二中（第6日）

大会は8月23日、第6日に決勝を迎えた。

先攻は秋田中。準決勝で優勝候補の早稲田実を破って、勢いづいていた。

後攻は京都二中。降雨ノーゲーム再試合となった準決勝で、和歌山中を制していた。

京都二中は前々日、前日につづく3連戦。対する秋田中は、中2日空けて休養十分なうえ早実を破った勢いもある。下馬《げば》評は「秋田中が圧倒的に有利」だった。

【決勝】（8月23日）

秋田中　000000100000＝1
京都二中000000010001＝2

（延長十三回）
（秋）長崎－渡部　（京）藤田－山田

七回に秋田中が先制点をあげると、京都二中も八回に1点を奪い同点とした。そのまま、試合は大会初の延長戦に入った。

京都二中は十三回裏、1死二塁の好機をつくる。ここで秋田中に失策が重なってしまい、二塁走者が一気に生還した。京都二中がサヨナラ勝ちで、初代の王者に輝いた。

京都二中の中啓吉主将は「秋田中に先に1点を奪われてあせってしまった。苦戦したがやっと優勝できた」と喜びを語った。

京都二中は決勝前夜、サインを見破られたときのために、何通りか用意した。スクイズは「腰に手をやる」「頭に手をやる」などいくつか決めて試合にのぞんだ。

サインは中主将がすべて出していた。ただ、試合開始の直前に「スクイズはやる機会が多くない。混乱を防ぐために一つに決めておこう」ということになった。みんなで相談して一つに統一した。

四回裏、走者が三塁に立ったときだった。スクイズはまったく考えていなかったのに、ベンチで立ち上がった中主将は、何の気なしに腰に手をやってしまった。スクイズのサインは

図版６　第１回大会、審判長の荒木京大総長から優勝旗を授与される京都二中の中主将（1915年８月23日、朝日新聞社提供）

一つに決めてあったのだが、走者は前夜にいくつか決めたことが頭に残っていたのか、即座に本塁に突入してアウトになってしまった。

中主将は「むざむざと犬死にしてチャンスは逃すし、観客には野次《やじ》られるし」と苦笑いした。優勝したからこそ笑い話ですますことができる決勝戦でのエピソードだった。

中主将は表彰式で、審判長の荒木寅三郎・京大総長から優勝旗を受け取った。夏の甲子園大会の象徴である深紅の大優勝旗が初めて球児に手渡された瞬間だった。

朝日新聞社の村山龍平社長は「金はいくらかかってもいいから、日本一立派な旗をつくれ」と優勝旗の作製を指示したといわれている。第1回大会で選手たちに支給された交通費の総計が770円だったが、優勝旗はその2倍の1500円をかけて作製された。「深紅の大優勝旗」は高校球児たちの最高の目標として、1世紀を超えた現在でも燦然《さんぜん》と輝きつづけている。

発展途上だった野球レベル

豊中運動場は、現在からみればお世辞にも立派とはいいがたいグラウンドだった。そこでプレーされる野球も、お世辞にもレベルが高いとはいえない代物だった。

とにかく荒っぽい野球だった。

ストッキングをはいていない選手やプロテクターをつけていない捕手が珍しくなかった。技術の未熟な点は、勢いと気力で補った。とにかくボールに食らいつき、バットは力任せに振り回した。

投手が投げる球種は、直球とカーブぐらいだったといわれている。直球のスピードがどれだけ速いかで投手のレベルが判断された。

打撃のレベルも高くはなく、ボールの反発力が低いこともあって、バットの芯《しん》に当たっても球はあまり飛ばなかった。第1回大会で記録された本塁打は、開幕試合のランニングホームラン1本だけだった。

それでは、ロースコアの試合が多かったのかというとそうではない。10点以上の得点をあげるチームが相次いだ。

原因は失策（エラー）の多さだった。

第1回大会で記録された失策は全部で１０３。1試合平均で11失策にも上った。敵失だけで大量得点したり、敵失でサヨナラ勝ちしてしまうことが珍しくなかった。

近年の甲子園大会では1試合平均の失策数は2を切っており、当時は失策がいかに多かったかがわかる。

また、豊中運動場での中等学校野球は、とにかく〝スピーディー〟だった。

第1回大会では、1試合にかかる時間は1時間半程度だった。手の込んだ作戦や駆け引きがなく、投球も打撃も単調だった。選手交代がほとんどなかったのも理由の一つだった。

第1回大会で選手交代のあった試合は、全9試合のうち開幕戦となった広島中－鳥取中の1試合のみ。ほかの8試合は両校とも、先発メンバーの9人でゲームセットまで戦っている。

選手交代のあった広島中－鳥取中も負傷した捕手の交代で、戦術的に選手が交代する場面はなかった。先発投手はどんなに打ち込まれてもすべて最後まで投げ切っている。

ベンチ入り選手は11人で、現在の18人と比べるとはるかに少ない人数だった。控えの選手を組み入れた試合展開が考えにくかったのかもしれない。どんな試合も淡々と進行していった。

中等学校野球はまだまだ発展途上だった。

全国統一の野球規則がなかった

いまでは信じられないことだが、当時、全国統一の野球規則がなかった。地域や大会ごとに規則が違い、トラブルが頻発していた。

米国の野球規則を翻訳したものがいくつかあった。しかし、訳し方に違いがあったり、解釈が異なったりして完全ではなかった。

主催する大阪朝日新聞社は混乱が生じないようにと、急遽「11ヵ条の試合規則」を制定した。

一、審判は最終とす

一、審判は審判長副審判長及び審判員若干名を以《もっ》てこれをおこなう

図版７　第１回大会で使われたボール（上）とグラブ（甲子園歴史館展示）

一、試合番組（組み合わせ）は抽選を以て決す
一、抽選の結果相手方なきチームを勝者と見做《みな》す
一、審判員において不正行為ありと認めたるチームはこれを除外す
一、試合予定時刻は励行《れいこう》す
一、出場選手は必ずユニホーム着用のうえ試合開始予定時刻より少なくとも30分前に来場すべし
一、プレヤース・ベンチに着席するものは選手11名に限る
一、試合用球は荒目縫試合用二号ボールとし全部本社に於いてこれを提供す
一、ウイニング球はこれを勝者に与う
一、試合用球以外の器具は各自持参すべし

現在から見れば、どの規定もきわめて常識的なものばかりだ。逆にいえば、現在の常識的なことでさえ、当時はまだ統一されていなかったということになる。

記念品は大阪名物・粟おこし

大阪の企業や商店から賞品提供の申し出が相次いだ。主催する大阪朝日新聞社はかたくなにその申し出を断りつづけている。

優勝校に対して大優勝旗を授与し、各選手に優勝メダルを贈るほかは、参加した全選手に銅製の参加章を渡すにとどめると決めていた。

しかし、

「優勝チームには賞品を渡して栄誉をたたえるべきだ」

「せっかく遠くから来たのに気の毒だ」

という声があがった。

結局、優勝校の全選手に対してスタンダード大辞典、50円分の図書切手、腕時計を、準優勝校の選手には英和辞書を賞品として贈ることになった。

また、初戦に勝ったチームの選手には万年筆を贈呈した。「万年筆の次はどんな賞品が出るんだろう」とひそかに楽しみにしていた選手も少なくなかったという。

ただ翌年の第2回大会からは「学生スポーツに賞品はふさわしくない」とされ、優勝旗、記念メダル、参加章以外は、大会前日の茶話《さわ》会で渡す粟《あわ》おこし1缶だけとなった。

大阪名物・粟おこしのプレゼントは戦中から戦後も長くつづき、１９９７年の第79回大会まで参加全選手に贈呈された。かつては「夏の甲子園といえば粟おこしを思い出す」という球児が多かった。

「日本に野球を発達普及せしむること」

豊中運動場は「高校野球発祥の地」というだけではない。

野球界で初の全国組織「日本野球協会」発祥の地でもあった。

全国中等学校優勝野球大会は、野球の魅力を広げた一方で、制度やルールの未熟さも露呈《ろてい》した。

大会が終わったばかりの豊中運動場では、

「その場しのぎで問題に対処していては、いつまでたっても野球は〝子供の遊び〟にとどまってしまう」

と不安の声があがった。野球人が野球のための全国団体をつくらなければならなかった。

当時、日本の野球はあらゆる意味で全国バラバラだった。

典型的なものは野球規則だった。審判も決してレベルが高くなかった。旧制高校や旧制専門学校の野球部員が審判をつとめることが多く、ジャッジミスが頻発して、混乱に拍車をかけた。

それなりの規模の大会を開こうとすれば、イベントの運営経験がある新聞社や、資金や人員をそろえることができる民間企業に頼らざるをえない。大会の運営者が野球の現場をよく知らないことで、トラブルを起こすことも少なくなかった。

野球を教えることができる指導者も少なかった。小中学生をきちんと指導できる人材を育てなければ、野球はいつまでたっても〝子供の遊び〟だった。

また各地の大会のなかには、賞金目当てのチームばかりが集まる大会や、企業の売名行為としか思えない大会もあった。大会のレベルを上げて、全国大会に結びつけることができるように指導する全国組織が必要だった。

全国中等学校優勝野球大会から2ヵ月足らず。1915年10月、豊中運動場に野球の普及とレベルアップに熱意を持つ野球人たちが集《つど》った。日本初の野球の全国団体となる「日本野球協会」が誕生した。

日本で初めてつくられたスポーツの全国団体は、1911（明治44）年に設立された大日本体育協会（のちの日本体育協会、現・日本スポーツ協会）だが、競技別の全国団体では日本野球協会が初めてだった。

目的は「日本に野球を発達普及せしむる」こと。

委員は22人。

当時の野球界を支えていた早稲田や慶応、三高、神戸高商などの現役選手、ＯＢが名を連ねたほか、大阪毎日、大阪朝日両新聞社の幹部も加わった。

また大阪、京都、神戸の３市長のほか箕面有馬電気軌道、阪神電鉄の役員、大学教授、銀行頭取などが賛助員として運営を支えることになった。

会長には全国中等学校優勝野球大会で副審判長をつとめた平岡寅之助（日本製樽取締役）が就任した。

活動の柱は三つあった。

第１に、小中学生への野球指導。

第２に、全国のさまざまな大会の仲介と調整。

第３に、野球規則の運用、解釈の統一。

残念ながら、日本野球協会がこの後、具体的にどのように活動したかについての記録は残っていない。

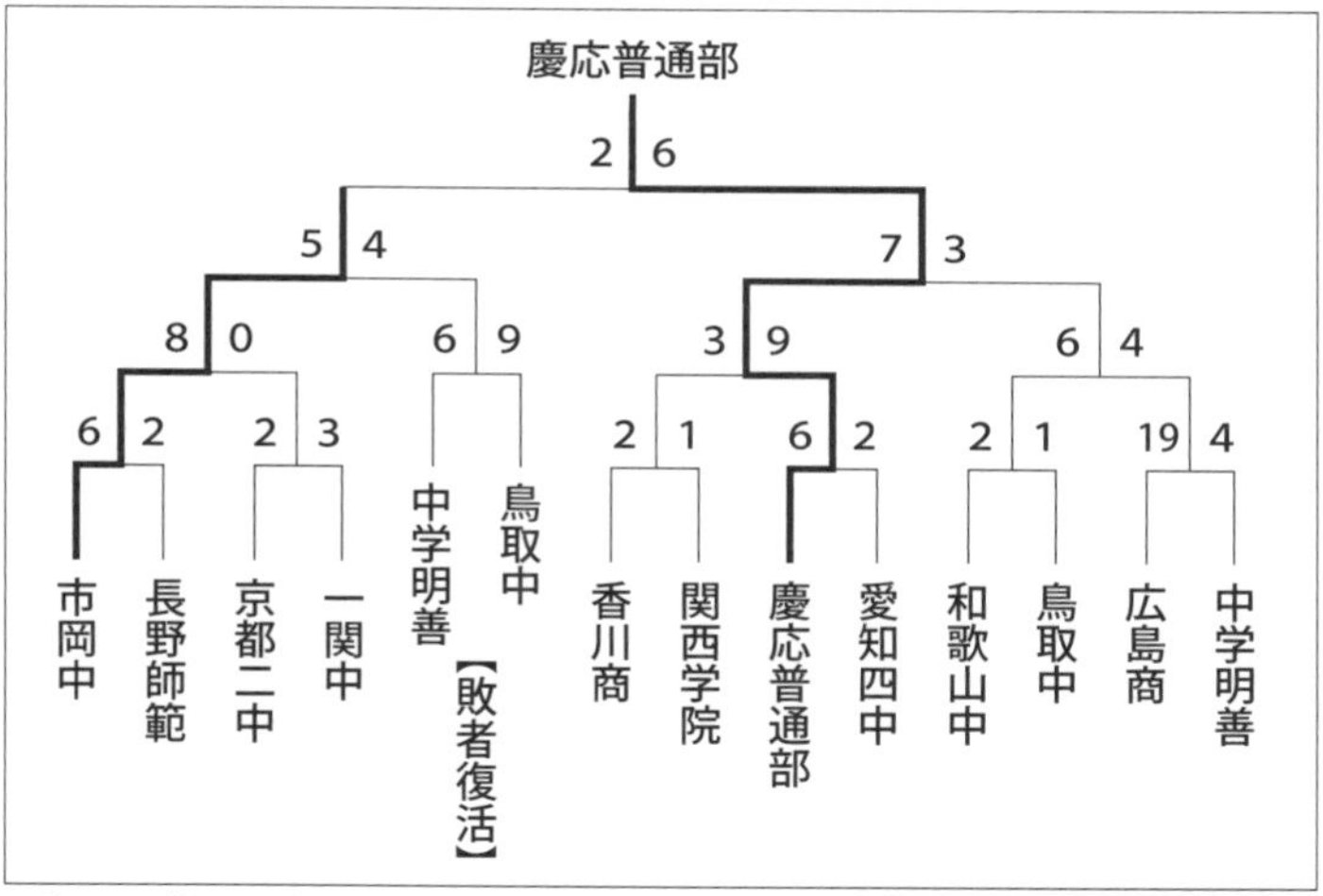

図版８　第２回全国中等学校優勝野球大会、1916（大正５）年８月開催

第２回全国中等学校優勝野球大会

コレラ禍のなか、野球人気に火がつく

全国中等学校優勝野球大会は、関係者の想像をはるかに超える反響を呼んだ。

全国から代表チームが集まって日本一を決めるという日本のスポーツ界初の試みは、野球人気に火をつけた。その舞台となった「豊中運動場」の名声は、一気に全国に広がった。

1916（大正5）年8月16日に開幕した第2回大会には、前年より2校多い12校が参加した。

前年は準備期間が1ヵ月半と短すぎたため、

予選大会は大混乱し、珍事が相次いだ。しかし、第2回大会ではあっけないほどスムーズに進んだ。

前年の優勝校・京都二中のほか、和歌山中、鳥取中が連続出場をとげた。北海道からの参加校はなく、豊中運動場の地元となる近畿からは4校が参加した。

出場を決めたのは次のチームだった。

東北＝一関《いちのせき》中（現・岩手県立一関第一高）
関東＝慶応普通部
東海＝愛知四中（現・愛知県立時習館《じしゅうかん》高）
北陸＝長野師範（現・信州大）
京津＝京都二中
大阪＝市岡中
兵庫＝関西学院
紀和＝和歌山中
山陽＝広島商（現・広島県立広島商業高）
山陰＝鳥取中

四国＝香川商
九州＝中学明善《めいぜん》（現・福岡県立明善高）

ただ、この夏は気がかりなことがあった。

全国的にコレラが大流行していた。大阪でも死者が多数出た。

当時、コレラは死に直結する恐ろしい病気だったため、選手やスタッフに徹底した予防策を求めた。

しかし、コレラ禍《か》をよそに、豊中運動場には早朝からファンが詰めかけた。観覧席の丸太にステッキをひっかけてぶら下がる者や、グラウンドが一望できる木に登り太い枝に手ぬぐいで腕をしばりつけて応援する強者まで現れた。

開幕試合は好ゲーム——和歌山中‐鳥取中（第1日）

開幕試合は和歌山中‐鳥取中が激突した。

鳥取中は、前年につづいて2年連続の開幕試合となった。そして両校は、前年に引きつづき再び相まみえることになった。

【一回戦】（8月16日）
和歌山中020000000＝2
鳥取中　100000000＝1
（和）谷口－永岡　（鳥）西尾－伊谷

朝日新聞の上野理一《うえのりいち》社長の始球式で、試合がはじまった。鳥取中が先制点をあげたものの、和歌山中がすぐに逆転しそのまま逃げ切った。開幕戦から1点を競《せ》り合う好ゲームとなった。

救護班の誕生——市岡中－長野師範（第1日）

第2回大会から新たに設けられたものがあった。「救護班」だった。第1回大会では、広島中の捕手が試合中に負傷したものの応急手当ができず、近くの病院に担ぎ込まれた。負傷や急病にただちに対応するため、本塁後方の本部席の隣に救護テントを設け、医師が常駐した。

この大会が契機となって、地方大会でも救護班を設けるようになった。そして、スポーツ大会はその規模にかかわらず、会場に医師や看護師を常駐させることが当然の措置となっていった。

「選手の安全最優先」は豊中運動場から全国に広がっていった。

【一回戦】（8月16日）
市岡中　004000020＝6
長野師範000011000＝2
（市）松本－富永　（長）片瀬－白川

地元の市岡中が登場するとあって、炎天下にもかかわらず豊中運動場は超満員になった。市岡中の主戦・松本終吉投手が好投し、自らも2点本塁打を放つ活躍で長野師範を破った。

礼にはじまり礼に終わる――京都二中－一関中（第1日）

現在、「高校野球ならでは」といわれるものの多くが豊中運動場で生み出された。

図版9　第1回大会の開幕戦、広島中‐鳥取中のプレー前の礼（1915年8月15日、朝日新聞社提供）

その一つの代表的なものが、試合前と試合終了時の「一礼」だ。

本塁をはさんで両チームの選手がおこなう一礼は、第1回大会から導入された。いまでは高校野球のみならず、アマチュア野球では普通におこなわれている。

「武術はすべて礼儀が基本。心身の鍛錬が目的の学生野球も、武術に同じく礼儀が尽くされなければならない。試合も礼にはじまり礼で終わる」とされた。

ただ、現在よりももっと時間をかけた厳《げん》粛《しゅく》なセレモニーだった。

本塁の左右に両校の選手が整列する。その脇《わき》に立った審判長が一同に礼をさせる。

審判長が選手に審判員を一人一人紹介し、

つづいて審判員に選手を一人一人紹介する。
審判員が選手に注意事項を伝える。
これでようやく試合開始となった。

【一回戦】（8月16日）
京都二中000000101＝2
一関中　200000001＝3
（京）綾木－山田　（一）菅原－村井

第1日の第3試合は、前年優勝の京都二中が登場し、東北代表の一関中と対戦した。
京都二中は九回表にようやく同点に追いついたが、その裏、一関中が劇的なサヨナラ勝ちをおさめた。初出場校が前年の覇者《はしゃ》を破る大番狂わせになった。

半鐘鳴って試合開始――広島商－中学明善（第2日）

試合の開始と終了時に高らかに響くサイレン。

図版10　第2回大会、香川商-慶応普通部の対戦を示すスコアボード（1916年8月18日、朝日新聞社提供）

甲子園球場のサイレンは高校野球を象徴するものだが、サイレンがいつごろから使われているかは定かでない。昭和の初めの甲子園大会では、すでにサイレンを使っていたとの記録が残っている。

豊中運動場で使っていたのは、近所の小学校から借りてきた「半鐘《はんしょう》」だった。

審判が試合開始を宣言すると、本部席につるしてあった半鐘を「カンカーン」と鳴らし、試合が終わると「カンカーン」と鳴らした。

第2回大会では、外野の後方にスコアボードがお目見えした。

スコアボードといっても、丸太を組み合わせたやぐらに板を張りつけた仮設だった。高さが5メートル近くあり、豊中運動場のどこからでもはっきりと点数を確認できた。

上部には大礼服《たいれいふく》マークの「仁丹《じんたん》」の広告が取りつけられており、仁丹を発売していた森下《もりした》博《ひろし》薬房が宣伝を兼ねて設置したらしい。

ここでも半鐘が活躍した。

1点をあげると、本部席の担当者が半鐘を「カーン」と1回鳴らし、その音を聞いた係員が「1」と書かれた札を板に吊《つ》るした。半鐘の音が鳴って得点札が吊るされるたびに、大きな歓声が起こった。

【一回戦】（8月17日）
広島商　0122029３0＝19
中学明善0020100１0＝4
（広）石本、坂本－小島　（明）吉和、権藤－国武

8月17日に第2日を迎え、1回戦3試合がおこなわれた。

第1試合は山陽代表の広島商業と九州代表の中学明善が対戦した。午前9時に半鐘が「カーン」と鳴って試合がはじまった。

本塁打を含む計20安打の乱打戦になったが、広島商が大量得点で圧勝した。ただ、試合時間が3時間半におよんだ。当時の試合は1時間半前後だったことを考えれば、あまりにも長時間となった。

強敵は日没と雨――香川商－関西学院（第2日）

入場者はどれぐらいだったのだろうか。

資料が残っておらず、入場無料で出入り自由だったこともあって推測も難しい。仮設スタンドの収容数や箕面有馬電気軌道の輸送力などから考えると、多くて5000人、通常は数千人ぐらいだったのではないだろうか。大会あたりの総入場者数は1万数千人程度だったと思われる。

強敵は日没と雨だった。

当時の豊中運動場には、照明設備はもちろんない。周囲に数少ない電灯があるだけで、日が暮れてしまうとあっという間に暗闇に包まれた。試合どころではなくなり、月明かりを頼りに駅まで歩かなければならなかった。

また雨を避ける場所がなかった。突然の雨に見舞われると、たちまちずぶぬれになり、足元は泥だらけになった。

【一回戦】（8月17日）
香川商　100100000＝2
関西学院000100000＝1
（香）鳥居－土谷　（関）内海－菅井

第2日の第2試合は、四国代表の香川商と兵庫代表の関西学院が激突した。得点はすべて失策がらみで、不完全燃焼の展開になってしまった。要所を抑えて好機を得点に結びつけた香川商が勝利を飾った。

20歳の大学生投手が登場——慶応普通部－愛知四中（第2日）

第2日の第3試合は、関東代表の慶応普通部と東海代表の愛知四中が相まみえた。異色の選手に豊中運動場が沸《わ》いた。

慶応の一塁手、ジョン・ダン選手は米国籍だった。外国人選手が登場するのは大会で初めてだった。ダン選手が打席に立つたびに、超満員の観客から「ジョン頑張れ」「ダンかっとばせ」と声援が飛んだ。

ダン選手が異色なら、慶応の山口昇投手は異質だった。

山口投手は5年生で20歳だった。普通部の選手であるとともに、慶応大のレギュラー選手でもあり大学のリーグ戦にも出場していた。いまでは考えられない「高校・大学兼任選手」だった。

選手資格が曖昧で「同じ慶応グループだから」という理屈で選手登録できたようだ。現在でいえば、中学2~3年生の打者に大学の中堅選手が投げるようなもので、勝負にならなかっただろう。

山口投手は後年、「僕は当時大学の選手も兼ねていたから、相手の選手が小学生のような気がして困った」と振り返っている。

【一回戦】（8月17日）

慶応普通010000221=6

愛知四中000200000=2

（慶）新田、山口－出口　（愛）下山兄－馬場

慶応は、新田恭一投手から山口昇投手への継投が冴え、愛知四中を降《くだ》した。

ようやくできた野球規則――香川商－慶応普通部（第3日）

第２回大会から「野球規則」が採用された。

完全な野球規則がなかった第１回大会では、急遽「11ヵ条の試合規則」をつくってしのいでいた。

第１回大会後、朝日新聞社が中心になって編集を進め、全国の野球人でつくった野球審判協会で審議を重ねて完成させた。

第２回大会は、正規の野球規則にのっとって開催される初めての大会だった。

【二回戦】（8月18日）
香川商　000003000＝3
慶応普通1122021０×＝9
（香）鳥居－土谷（慶）新田、河野－出口

大会第3日の8月18日から二回戦に入った。

第1試合は、選手層の厚い慶応普通部が地力を発揮して香川商を圧倒した。慶応は新田恭一投手から河野元彦投手へと前日につづく継投で、香川商打線を抑えた。

初の無安打無得点試合――市岡中－一関中（第3日）

第3日の第2試合は、市岡中と一関中の対戦となった。

【二回戦】（8月18日）

市岡中300003200＝8
一関中000000000＝0
（市）松本－富永　（一）菅原－村井

この試合で市岡中の松本終吉投手は、大会初の無安打無得点試合を達成した。8奪三振で、一関中打線を完全に封印した。

豊中運動場に新たな歴史が刻み込まれた。

逆転また逆転の好試合――和歌山中－広島商（第3日）

第３日の第３試合は、和歌山中と広島商がぶつかった。

【二回戦】（8月18日）
和歌山中００１０１０００３１＝6
広島商　００００００４００＝4
（和）谷口－永岡　（広）石本－小島

逆転、また逆転の目の離せない試合になった。好打あり、好守あり、粘投あり、緻密《ちみつ》なバント攻撃あり。両校の見応えのある好試合は、和歌山中に凱歌《がいか》が上がった。

敗者復活戦の登場――中学明善－鳥取中（第3日）

甲子園大会は一度負けてしまうとそれですべてが終わる。

勝ち進まなくてはならない厳しいトーナメント戦だからこそ、ドラマも生まれる。

ところが長い高校野球の歴史の中で、敗者復活戦が導入されたことが2度ある。

豊中運動場で開催された1916年の第2回大会で1試合、鳴尾《なるお》運動場で開かれた翌年の第3回大会で2試合おこなわれた。

中等学校野球大会に定着するかに見えたが、第3回大会で愛知一中が敗者復活戦からそのまま勝ち進んで優勝してしまったことが問題視された。「一度負けたチームが優勝するのはおかしい」という意見が続出したため、敗者復活戦は第3回大会かぎりで廃止になった。

第2回大会の敗者復活戦は、一回戦で敗れた6校が抽選をおこない、勝った2校が戦うことになっていた。抽選の結果、中学明善と鳥取中の対戦となった。

【敗者復活戦】（8月18日）

中学明善000003102＝6

鳥取中　１００６０００２×＝９

（明）吉和、後藤、吉和－国武（鳥）松木－伊谷

試合は七回を迎えるあたりから薄い闇が広がりはじめた。

５点差を追う中学明善の攻撃となった九回表には、白球がほとんど見えなくなるほどの闇に包まれた。本来なら日没コールドになってもおかしくなかったが、中学明善は「最後までやりたい」と主張。鳥取中もその意を受けて試合を続行した。

鳥取中の勝利でゲームセットが告げられた午後７時10分には、日がすっかり暮れていた。

準決勝第１試合——市岡中－鳥取中（第４日）

第４日の８月19日、準決勝を迎えた。

準決勝第１試合は、無安打無得点試合を達成した松本終吉投手を擁《よう》して勢いに乗る市岡中と、敗者復活戦を制した鳥取中が対戦した。

【準決勝】（８月19日）

市岡中210010000１=5
鳥取中020002000０=4
（延長十回）
（市）松本－富永（鳥）西尾－伊谷

試合は4－4で延長に入った。市岡中は十回表、1死三塁でスクイズを決めて勝ち越し点を奪取し、決勝進出を決めた。

準決勝第2試合――慶応普通部－和歌山中（第4日）

準決勝第2試合は、慶応普通部と和歌山中の実力校同士の対戦になった。

【準決勝】（8月19日）
慶応普通010011004=7
和歌山中210000000=3
（慶）新田、山口－出口（和）谷口－永岡

試合巧者《こうしゃ》の慶応普通部が、本塁打２本を放ち、要所を抑えて和歌山中を降して決勝に進出した。

3投手を継投させた慶応が優勝──市岡中－慶応普通部（第5日）

８月20日、市岡中－慶応普通部の決勝を迎えた。

地元・大阪の代表校が東京のチームと対戦するとあって、豊中運動場は早朝から超満員になった。

市岡中の応援席は茶色のメガホンで埋まった。黒い上着に白いはかま、赤い帽子をかぶった応援団長が特大の応援旗を振ると、たちまち「わっしょい、わっしょい」というかけ声が響き渡った。

にぎやかな応援団を前に、市岡中には大きな誤算が生じた。主戦の松本終吉投手が、右肩を痛めて左翼手としての出場になってしまったことだった。急遽、富永徳義捕手が登板することになった。

一方、慶応普通部は、山口昇、新田恭一、河野元彦の３投手が控えていた。現在では複数投手による継投は普通のことだが、当時は1人の投手が全試合を投げ抜くのが当たり前だった。3投手を計画的に継投させたのは慶応普通部だけだった。

【決勝】（8月20日）
市岡中　000200000＝2
慶応普通005100000×＝6
（市）富永－田中　（慶）山口－出口

市岡中は三回、富永投手が慶応打線に捕まり、大量得点を許してしまった。打線は山口投手を打ち崩すことができなかった。

6－2で慶応普通部が勝利をおさめて、見事に優勝を飾った。

当時の新聞は、慶応普通部の強さを次のように分析した。

「投手3人を巧みに使って、つねにチームに余力を残させた」

「9人の打撃力にムラがなく、打線がつながった」

「主将の山口を中心にチームワークがとれた」

慶応普通部の野球は、力任せと気力・精神力だけでは勝ち進めないことを教えていた。

決勝戦を豊中運動場で応援した人は1万人を超えていたとみられる。試合終了後は、慶応の優勝をたたえる人と市岡中の敗退を悔しがる人で騒然となり、グラウンドに大勢の人がなだれ込んだ。混乱はピークに達してしまった。

また、箕面有馬電気軌道の輸送は完全にパンクし、豊中駅は深夜まで乗車待ちの人であふれかえってしまった。

けが人が出なかったのが不思議だといわれる大混乱に、豊中での開催を危ぶむ不安の声があがった。

不安は現実になる。

豊中運動場での開催は、この年が最後になってしまった。

舞台は「豊中」から「鳴尾」へ

豊中運動場は、もともと多数の観客を想定して建設されたグラウンドではない。観客は思い思いの場所に座り込んで応援した。試合が白熱すると、観客がグラウンドにあふれだした。

定員82人の1両がガタゴトと走る箕面有馬電気軌道の輸送力も、限界を超えていた。試合が終わって乗客が集中すると、乗車まで何時間もかかった。「梅田まで（約13キロを）歩いたほうが早かった」とは笑い話にもならなかった。

大阪朝日新聞社は箕面有馬電気軌道に対し、豊中運動場の設備拡充と電車の輸送力増強を依頼した。どちらにも膨大《ぼうだい》な資金が必要だった。

当時、箕面有馬電気軌道は大阪－神戸間の新路線計画を進めていた。郊外路線だけでは事業経営に限界があり、都市間路線の新設は悲願でもあった。中等学校野球のために多額の資金をつぎ込めない事情を抱えていた。

実質的な経営者だった小林一三は、断腸《だんちょう》の思いで朝日新聞社の申し出を断り、次のように側近にもらしたといわれている。

「将来すばらしい事業になるとわかっていても、金がなければ持っていかれてしまう。事業はすべて金と人からなる。うちには良き人はいるが、金がない」

ここで新運動場の建設を申し出たのが、箕面有馬電気軌道のライバルである阪神電鉄だった。

全国中等学校優勝野球大会の人気と集客を見ていた阪神電鉄は、朝日新聞社に対して兵庫県鳴尾村（現・兵庫県西宮市）の鳴尾競馬場内に大規模なグラウンド建設の計画を持ちかけた。

目を見張るような計画だった。

競馬のトラックの内側に1周８００メートルの陸上競技用トラックをつくる。その内側に野球場を二つ設けるというもので、「野球が同時に2試合できる」という触れ込みだった。総面積は14万５０００平方メートルで、現在の甲子園球場の4倍近い広さがあった。

観客席は、高さ8段、横幅３・６メートルの移動式木製スタンドを多数つくり、試合時に並べて使用する計画を立てていた。これで豊中運動場の十数倍の収容能力を確保できた。また、阪神電鉄の輸送力は箕面有馬電気軌道の6～7倍あった。

小林一三が豊中運動場の大改修と輸送力増強に踏み切っていたら、高校野球は現在でも豊中で開催されていたかもしれない。

そうなれば、甲子園球場は建設されていなかった。

「夏の豊中大会」が高校野球の代名詞になっていたにちがいない。

第２章　東洋一の総合グラウンド誕生

スポーツのためだけに造られた画期的な施設

豊中運動場が完成した1913（大正2）年にさかのぼってみたい。

日本初の総合グラウンドが、盛大にオープンしたのかというとそうでもなかった。東洋一のグラウンドといわれた豊中運動場は、どのように誕生したのだろうか。その黎明《れいめい》期をたどってみる。

記録も資料も残っていない幻のグラウンド

豊中運動場についての記録や資料はほとんど残っていない。

大正時代のスポーツは、「単なる娯楽」であり、「学生の道楽」だった。黎明期の日本の近代スポーツは、その地位も扱いもきわめて低かった。豊中運動場について、記録を残しておこうという発想自体がなかったのだろう。

豊中運動場を建設した阪急電鉄（当時は箕面《みのお》有馬《ありま》電気軌道）には、建設にいたる経緯がわかる資料は残っていない。社史の年表に「大正二年（一九一三）五月一日豊中運動場完成する」との記述があるにすぎない。

『全国高校野球選手権大会史』や出場校の野球部史などに、第1回と第2回大会を開いたころの豊中運動場の様子がわずかながら記されている。ただ、当時の新聞の記述をもとに戦後になって書かれたものが多く、とても十分とはいえない。

高校ラグビーや高校サッカーについても、大会史には大正時代の試合の記録が掲載してあるが、豊中運動場自体については断片的な記述が散見されるにすぎない。

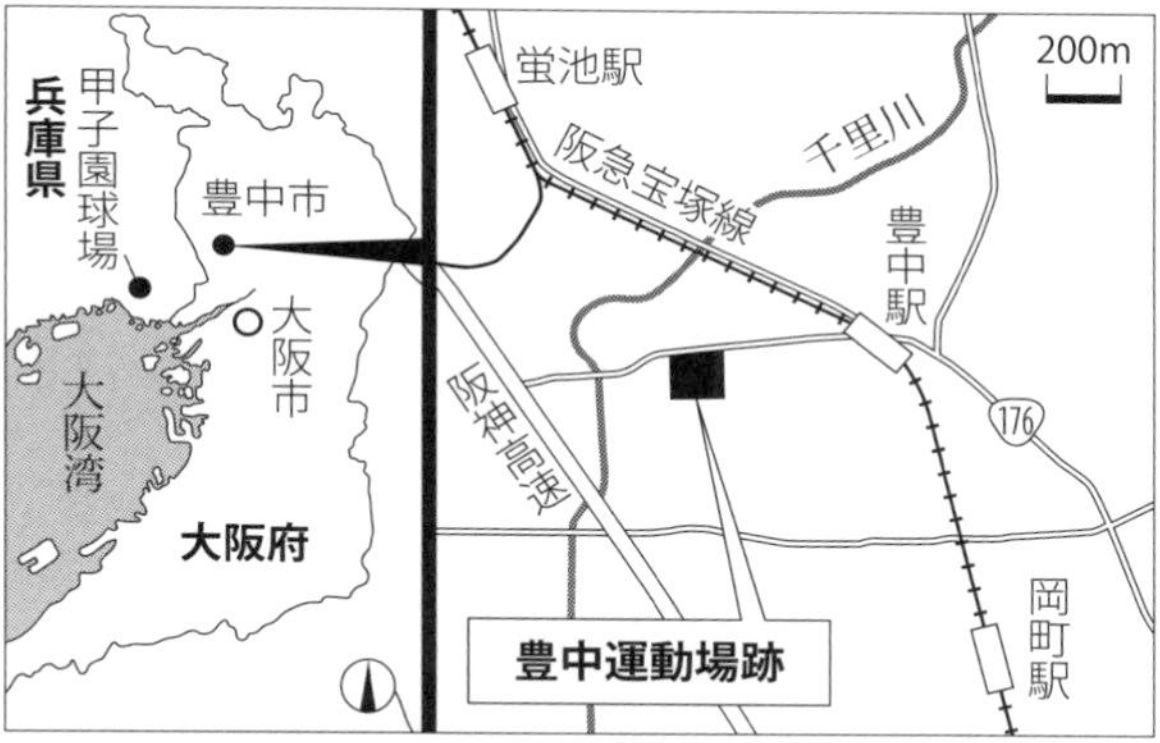

図版11　豊中運動場の場所

「こんな立派なグラウンドを見るのは初めてだ」

大阪市の北に広がる丘陵地帯には当時、水田や畑、雑木林が広がり、農家が点在していた。大阪のベッドタウンとして40万人が暮らす現在の大阪府豊中市からは、まったく想像できない。のどかな田園地帯に造られたのが豊中運動場だった。

完成後しばらくは、グラウンドを囲うフェンスも壁もなかった。

ほぼ正方形のグラウンドは、野球のほかに、ラグビーやサッカーにも使うことができた。

1周400メートルのトラックを設ければ、立派な陸上競技場になった。

スポーツに力を入れている現在の中学校や高校なら、もっと立派なグラウンドを持っているだろう。口の悪い現代の高校生からは「ただの原っぱやないか」と陰口が聞こえてきそうだ。

しかし、外国から訪れたアスリートたちは、例外なく豊中運動場を絶賛した。

1916年秋に日本に遠征してきたハワイ・セントルイス大学野球部のアーシャ監督は「すばらしいグラウンドだ。お世辞ではなく、日本へ来てこんな立派なグラウンドを見るのは初めてだ」と評価し、「広さもいい。こんなグラウンドでこそ思う存分腕が振るえる」と感嘆《かんたん》している。

東洋一といわれるアスリート垂涎《すいぜん》のグラウンドだった。

近代スポーツの黎明期は、グラウンドの黎明期でもあった。

当時、スポーツができるグラウンドは学校の校庭だった。学校行事もやれば運動会も集会もやった。

そもそもスポーツのためだけにグラウンドを建設しようなどという発想は、日本人にはまったくなかった。

１９０９（明治42）年に、東京湾の干潟《ひがた》を埋め立てて建設された羽田運動場が、日本で初めてスポーツ専用に造られたグラウンドといわれている。豊中運動場が完成する4年前だ。現在、羽田運動場の跡地は羽田空港の一部になっている。

当初は野球場として造られたが、のちに陸上競技場として使えるように整備された。日本が初めて2人の代表選手を送り込んだスウェーデンのストックホルム五輪（１９１２年）の予選会場になったことから、その名が知られるようになった。

風光明媚《めいび》なベイエリアということで、遊園地や海水浴場が併設された。スポーツを楽しむ施設というよりは、総合娯楽施設として人気を集めた。

スポーツ専用グラウンドとしては致命的な欠陥があった。

干潟の埋め立て地に造成したため、水はけがきわめて悪かった。試合中に、グラウンドの割れ目からシャコが飛び出してきた。

また潮が高くなったり、雨が降ると、泥田《どろた》のようになって使いものにならなかった。海風が強くなると競技を中断した。

１９１７（大正６）年9月の大暴風雨で大きな被害を受けて使えなくなる。復旧を求める声があがったが、そのまま廃止されてしまった。

関東での本格的な総合グラウンドの誕生は、明治《めいじ》神宮外苑《じんぐうがいえん》競技場（のちの国立競技場）が完成する１９２４（大正13）年まで待たなければならなかった。関西でも、５万人を収容できる甲子園大運動場（現・阪神甲子園球場）の完成が同じ１９２４年で、10年以上も先のことだった。

豊中運動場は大正時代を通じて、日本でもっともレベルの高い総合グラウンドだった。

試行錯誤で進めた工事

豊中運動場が建設された地域は、もともと綿畑だったといわれている。水はけがよく平坦で、強風が吹き抜けることがほとんどない。グラウンドには最適だった。

当時の日本で、本格的な総合グラウンドを造った事例はなかった。アスリート向けのスポーツ専用グラウンドとはどのようなものか。理解していた日本人がどれくらいいただろう。

工事を指導したのは、京都帝国大学の土木建築の専門家だった。依頼された帝大教授もさぞ戸惑ったことだろう。計画した箕面有馬電気軌道の意気込みは伝わってくるが、試行錯誤

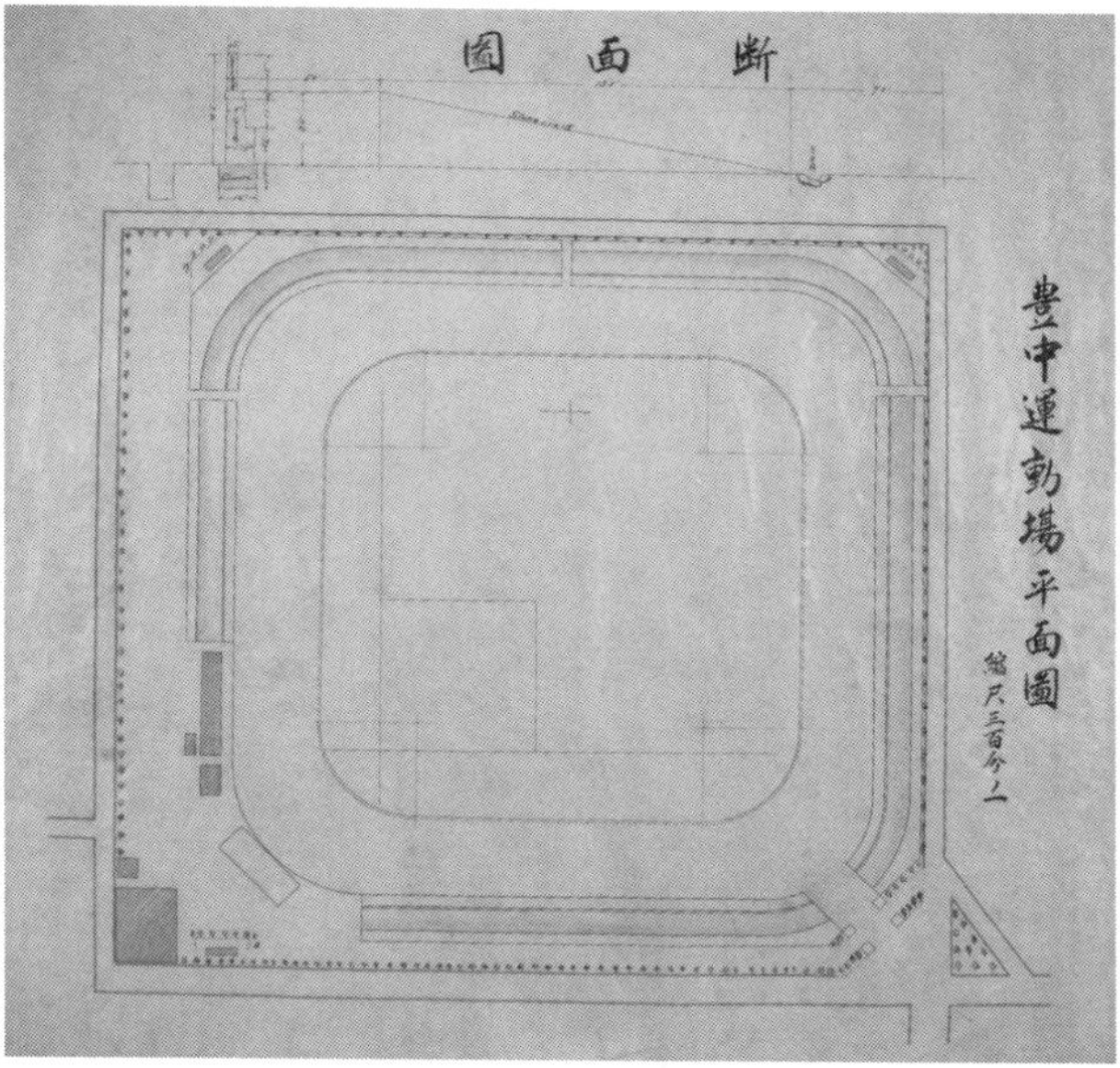

図版 12　上：唯一現存する豊中運動場の平面図（阪急文化財団提供）。下：豊中運動場正面（1913 年 11 月頃）

で工事が進められたことは容易に想像できる。

現場はいたってのんびりしていたようだ。

重機などない時代で、資材の運搬には牛馬を使い、作業のほとんどが人力だった。周囲に点在する雑木林の木陰が、つかの間の休息所になったことだろう。

試行錯誤とはいいながら、現在からみれば理にかなった、とても丁寧な作業だった。

地面を30センチほど掘り返し、掘り返した土をすべてふるいにかけた。そこへ砂を加えて表面をならし、さらに牛が引くローラーで地固めした。もともと水はけのいい土だったから、掘り返してふるいにかけることで透水性がいっそう高まった。そしてクッション度は確実に上がった。

当時の新聞は、完成間近のグラウンドを絶賛している。

「土の質は申し分ない。広さにおいても、設備においても、日本一の理想的な最新式のグラウンドだ」

工事で踏み固められた畑の通り道の突き当たりに、突然、キラキラ光るグラウンドが出現した。

オープニングゲームは日米野球の一大決戦

阪急電鉄の社史では、豊中運動場の開場日は１９１３年5月1日となっている。ところが、この日に記念式典が開かれたという記録はない。

それどころか、この日の大阪は朝から横殴りの雨が降る荒れた天気だった。大阪市内で床下浸水する家屋があったほどで、とてもオープンを祝えるような日ではなかった。

また、豊中運動場の最寄り駅となる豊中駅はまだ開業しておらず、遠く離れた駅から畑の中の道を延々と歩くしかなかった。

気がついたらオープンしていたということだろう。

幻のグラウンドは、オープニングも〝幻〟だった。

慶応大とスタンフォード大が激突

豊中運動場の実質的なオープンは、１９１３年6月21日とみられる。大阪毎日新聞社が主催する日米野球・慶応義塾大学－米国スタンフォード大学戦が、記念すべきオープニングゲームだった。

現在の感覚からいくと「単なる大学野球か」と思う人が多いだろう。しかし大正の初めには、野球ファンならずとも日米の大学の野球試合は胸躍るビッグゲームだった。

当時、国内ではまだ、大学野球のリーグ戦さえなく、庶民《しょみん》にとって米国ははるかに遠い国で、米国の野球はあこがれだった。

スタンフォード大の選手団が大阪駅に到着したときには、市民数千人が出迎えた。宿舎のホテルまで乗用車に分乗し、さながらパレードの様相となった。

沿道は紙吹雪が舞い、見物人の歓声やバンザイの声に包まれた。歓迎会には大阪府知事、大阪市助役、米国総領事をはじめ関西在住の著名人が集まった。

この年の大阪で五指に入る出来事だった。

ただ、気持ちいいオープニングだったとはいいがたい。

梅雨の真っ最中だったことが災《わざわ》いした。完成したばかりのグラウンドを満喫《まんきつ》してもらおうと、試合前の数日間は練習日にあてていたが、豪雨つづきで雨の合間のぬかるんだ土の上での練習になった。

加えて、スタンフォード大の選手の多くが、到着した日の夜に腹痛を起こして練習できなくなってしまった。踏んだり蹴ったりである。

両チームはすでに、東京で5試合、名古屋で1試合をおこない、3勝3敗で大阪に乗り込んできた。「豊中で決着をつける」と意気込みを見せていただけに、出鼻をくじかれてしまった。

着物姿のご婦人方も観戦

豊中運動場にはオープン当初から、仮設の「婦人専用観覧席」が設けられていた。テント張りで100人程度しか座れない木造の席だったが、当時としては全国初の画期的な試みだった。

スポーツ観戦は男性のものだった時代、「女が野球場に出入りするなんて……」「女が男と肩を並べて野球観戦なんて……」という風潮があった。

応援が過熱して乱闘騒ぎになることが珍しくなかっただけに、「女性も安心して安全に応援してほしい」との願いがこもっていた。

オープニングゲームの朝。

婦人観覧席は着物姿の女性で早くも満席になり、グラウンドは来場者であふれてしまった。箕面有馬電気軌道の始発・梅田駅には、数百メートルの行列ができ、２人引きの人力車の奪い合いがはじまった。

入場者はどれぐらいだったのか。主催する大阪毎日新聞社は、観客を「３万人」と発表した。当時の豊中村の人口のじつに10倍。電車をフル運転しても、３万人を運ぶのに30時間以上かかる。いくらなんでも水増しが過ぎた。

日米大野球戦

図版13　オープニングゲームとなった慶応‐スタンフォード戦を伝える新聞記事（1913年6月22日付大阪毎日新聞）

【日米野球第1戦】（1913年6月21日）

慶応義塾大　000000000＝0

スタンフォード大４３２０１０００×＝10

午後3時。大久保《おおくぼ》利武《としたけ》・大阪府知事が英語でスピーチしたあと、始球式をおこなってゲームがはじまった。

試合はスタンフォード大が圧勝した。屈辱《くつじょく》的な大差で敗れた慶応大の主将・菅瀬一馬投手は「慶応の歴史に泥を塗ってしまった。明日の最終戦は腕が折れても投げ抜く」と悔《くや》しさをにじませた。

試合を17分間にまとめた活動写真が、翌日の22日に道頓堀《どうとんぼり》の映画館、朝日座で上映された。制作したのは、前年の１９１２年に設立されたばかりの日本活動写真株式会社（のちの日活）だった。

ラジオもテレビもない時代に、前日の野球の試合を動画で見ることができるというのは画《かっ》期《き》的なことだった。設立間もない日活が自社ＰＲも兼ねて制作したようだが、当時の市民は度肝《どぎも》を抜かれた。

サイダー飲んで、サンドイッチ食べて

人が集まるところでは、新たな商売が生まれる。

日米野球戦の豊中運動場では、それまで見たこともない食べ物や飲み物が販売されて、たちまち人気を集めた。

場内ではホテルが設けた臨時出張所でサンドイッチやハム、ソーセージが販売された。サンドイッチは当時、高級な西洋料理で、神戸や横浜のレストランでなければ食べることができなかった。ハムやソーセージも初めて味わう〝異国の味〟で、あっという間に売り切れた。

場内ではサイダーも販売された。

販売したのは帝国鉱泉。明治時代から兵庫県多田《ただ》村平野《ひらの》（現・川西市《かわにし》）で湧き出す炭酸泉を「平野水《ひらのすい》」と名づけて売り出していた。数年前から、炭酸水に甘味を加えたサイダーの製造をはじめていた。のちの三ツ矢サイダーである。

「三ツ矢印シャンペンサイダー」と名づけられ、1本10銭だった。3銭でそば1杯を食べることができたことを考えれば相当高額な飲み物だったが、会場では飛ぶように売れた。

サイダーを飲みながらスポーツを観戦するのが人気のスタイルになる。シャンペンサイダーは豊中運動場発祥の目玉商品になった。

日米野球戦の球審は、東京帝国大学を卒業したばかりの三島弥彦《みしまやひこ》がつとめた。三島は日本初の五輪選手として、前年の1912年に開かれたストックホルム五輪の陸上競技に出場した。すでに世界的なアスリートだった。

野球部に在籍して投手として活躍したこともあり、しばしば野球の審判をつとめていた。日本人審判のレベルに批判的だった米国チームも、オリンピアンの三島球審には敬意を表したという。

【日米野球第2戦】（1913年6月22日）
慶応義塾大　　300000010＝4
スタンフォード大001010021×＝5

第2戦は、三島弥彦球審のプレーの宣言ではじまった。前日の屈辱を晴らそうと、慶応大は前半リードしたものの、結局逆転されて敗れてしまった。オープニングゲームの日米野球戦は、米国チームの連勝に終わった。

ようやくできた土盛り観客席

関係者の悩みは観客席だった。

木造の仮設観客席を設けたが、収容できるのは５００人程度にすぎなかった。グラウンドと周囲を仕切るものは何もなかったから、観客はグラウンドの外の畑道や雑木林にまであふれた。

古い枕木を積み上げて臨時の観客席をつくったこともあったが、５段も10段も枕木を積み上げただけの観客席はあまりにも危険だった。

開場から半年が過ぎた11月末、本格的な観客席の建設がはじまった。本格的といっても鉄筋コンクリート製のスタンドではなく、背の高さほどに土を盛って観客席とした。

現在の地方球場によくある傾斜をつけた外野席のようなものをイメージすればよいだろう。いまから考えれば粗末な観客席だが、当時、一般客の観覧席を設けるという発想がなかったことを考えれば、きわめて画期的だった。

阪急文化財団に「豊中運動場平面図」（縦69×横87センチ）が残っている。豊中運動場に関する数少ない記録の一つだ（１０１ページ図版12上参照）。

平面図には、土盛りの観客席の詳細な寸法が記されている。建設工事で使用した設計図とみられ、事務所や植栽も書き込まれており、豊中運動場の全容がほぼわかる。

土盛りの観覧席は、グラウンドを一周するように外周に大規模な土盛りを設けて造られた。その土留めにしたのが赤レンガ壁だった。

阪急文化財団学芸員の正木喜勝さんは「赤レンガ壁は長いあいだ、運動場のフェンスだと考えられていました」と話す。「平面図などを見ると、フェンスではなく観客席の土盛りの土留めだったことが判明しました」と分析《ぶんせき》している。

レンガ壁の高さは90センチ。グラウンドに向けて約7メートルのゆるい傾斜の土盛りで固めた。レンガ壁の上には高さ50センチの手すりを設けたほか、周囲には排水溝が造られていた。

記録がほとんど残っていないなかで、いまでも現地の一部住宅の外壁に使われている赤レンガ壁は、豊中運動場のシンボルとされてきた。高校野球メモリアルパーク（現・高校野球発祥の地記念公園）も赤レンガを基調にした。

第３章　高校ラグビー・サッカー発祥の聖地

苦肉の策のラグビー・サッカー同時開催

豊中運動場の専売特許は、高校野球だけではない。ここからは、「高校ラグビー発祥の地」「高校サッカー発祥の地」としての豊中運動場をたどってみよう。

高校ラグビーと高校サッカーは、元をたどれば一つの源泉にたどりつく。その源泉が、1918（大正7）年1月に、豊中運動場で開かれた「日本フートボール優勝大会」（現・全国高校ラグビーフットボール大会、全国高校サッカー選手権大会）だ。

いまでは、ラグビーとサッカーを一緒にした大会など考えられないが、1925（大正14）年1月の第8回大会までは、同じ大会に同居していた。

「ラ式蹴球」「ア式蹴球」と呼ばれたラグビー、サッカー

豊中運動場ができたころ、ラグビーもサッカーも日本では短い歴史しかなかった。野球はようやく「鞠《まり》放《ほ》り」の時代を脱していたが、ラグビーとサッカーはまだ「鞠蹴《け》り」の時代だった。

ラグビーが日本に伝わったのは１９００年ごろだった。慶応大学で、牧師が学生たちに教えたのがはじまりといわれている。その後、三高（第三高等学校、現・京都大の前身）や同志社に伝わり、関西で人気を集めた。

一方、サッカーは明治末に東京高等師範学校（略称：東京高師。現・筑波大学）が正式競技として取り入れたのがきっかけだった。東京高師でサッカーを経験した教師が、全国の師範学校で積極的に教えたことから、師範学校で盛んにおこなわれるようになった。

慶応大は「ラグビーの本家」、東京高師は「サッカーの開祖」と呼ばれるようになる。

当時、ラグビーは「ラグビー式フットボール（ラ式蹴球《しゅうきゅう》）」、サッカーは「アソシエーション式フットボール（ア式蹴球）」と呼ばれた。ラグビー、サッカーという名称が一般的になるのは少し先のことだ。

アソシエーション式は、イングランドのフットボールクラブの代表者が集まり、共通のルールを制定して協会（アソシエーション）を設立したことに由来する。協会ルールにしたがって競技するので協会式（アソシエーション式）フットボールとなった。

サッカーはアソシエーションを短く縮めた愛称にすぎない。早稲田大、東京大、一橋大のサッカー部は、いまでも「ア式蹴球部」が正式名になっている。

ライバル企業の商魂が生んだ全国大会

1917（大正6）年12月22日。

大阪毎日新聞は朝刊一面に、豊中運動場で主催する「日本フートボール優勝大会」の社告を掲載した。

少し長くなるが引用してみよう。

――野球を迎えてその技の妙を採りこれを体育の上に善用せるわが学生がフートボールに無関心なるべきはずなし。果然《かぜん》フートボールの技は今ややようやく我が運動界にその頭をもたらさんとしつつあり。然《さ》れどもフートボールをポピュラライズしかつこれに対する感興を高調せしめんがためにはなお一段の努力を要す。本社がここに日本フートボール優勝大会を主催せんとするすなわちこれ要せられたる努力の一端たらんとす。

フットボールを普及させたいという熱い思いが伝わってくる。しかしその裏には、新聞社と電鉄会社がからんだスポーツ大会をめぐる激しい主導権争いがあった。

中等学校野球大会は、豊中運動場でわずか2回開催しただけで、阪神電鉄が運営する鳴尾《なるお》運動場に会場が移ってしまった。

抜群の集客力を持つ中等学校野球をライバルの阪神電鉄に持っていかれたことは、箕面有《みのおあり》馬《ま》電気軌道、のちの阪急電鉄にとっては痛恨《つうこん》の極みだった。

大阪朝日新聞社主催の全国中等学校優勝野球大会がうなぎ上りに人気を集めているのを見て、ライバルの大阪毎日新聞社はおもしろいわけがなかった。野球に並ぶようなビッグイベントをぶち上げたいとの思いは、日増しに強くなっていった。

大阪を代表する企業の対抗意識は、現在のわれわれの想像をはるかに超えるほど強烈《きょうれつ》だった。ライバル社に対して燃え上がる意地と商魂が、高校ラグビーと高校サッカーの全国大会を生み出した。

フットボールの全国大会開催を提案したのは、慶応大ラグビー部の元主将・杉本貞一だった。杉本は当時、大阪市西区で建築用具店を経営していた。大学を卒業してもラグビーに対する情熱はおとろえなかった。

「ラグビー普及のために全国大会を開きたい」と大阪毎日新聞社に話を持ちかけた。社会部長の奥村信太郎《おくむらしんたろう》は「金の心配はいらない。ぜひやりましょう」と即座にOKした。

全国大会の開催を知った箕面有馬電気軌道は、「ぜひ豊中運動場を使ってほしい」と申し出た。

野球の仇《あだ》はフットボールで討つ。

日本初のフットボール全国大会は、〝場外戦〟からも目が離せなかった。

「なんとか全国大会の体裁を整えたい」

大阪毎日新聞社は当初、旧制中学のラグビーチームが参加する大会を想定していた。しかし、全国大会出場にふさわしいレベルの中学は数校しかなかった。

仕方なく、大学や旧制高校などの出場も認めることにしたが、それでも出場校は集まらなかった。「わざわざ大阪まで行くほどのものなのか」という無理解もあった。

そこで「なんとか全国大会の体裁を整えたい」と考え出されたのが、サッカーの全国大会も同時におこなうことだった。

「ラグビーもサッカーも同じフットボールだから、同時に開催してもなんら問題はない。問題ないどころか、サッカーの普及と振興にも寄与《きよ》できる」と考えた。

ラグビーには次の4校が参加を決めた。

第三高等学校
全同志社
全慶応
京都一商（現・京都市立西京《さいきょう》高）

全同志社と全慶応は大学生選手が中心だったので、純粋な中学チームは京都一商だけだった。

当時、全国の中学で最強といわれていた京都一中（現・京都府立洛北高）は、当然出場すると思われていた。

同校には以前から「定期試験の平均70点以下の者は運動部活動禁止」という厳しい規則があった。それだけならまだしも、この年から高等学校入試が7月から3月に繰り上げられることを理由に、学校側が突然ラグビー部を休部してしまった。京都一中は参加できなくなってしまった。

当然、京都一商は不安だった。京都一中が参加しなければ、中学生のみのチームは自分たちだけになる。出場辞退を検討した。

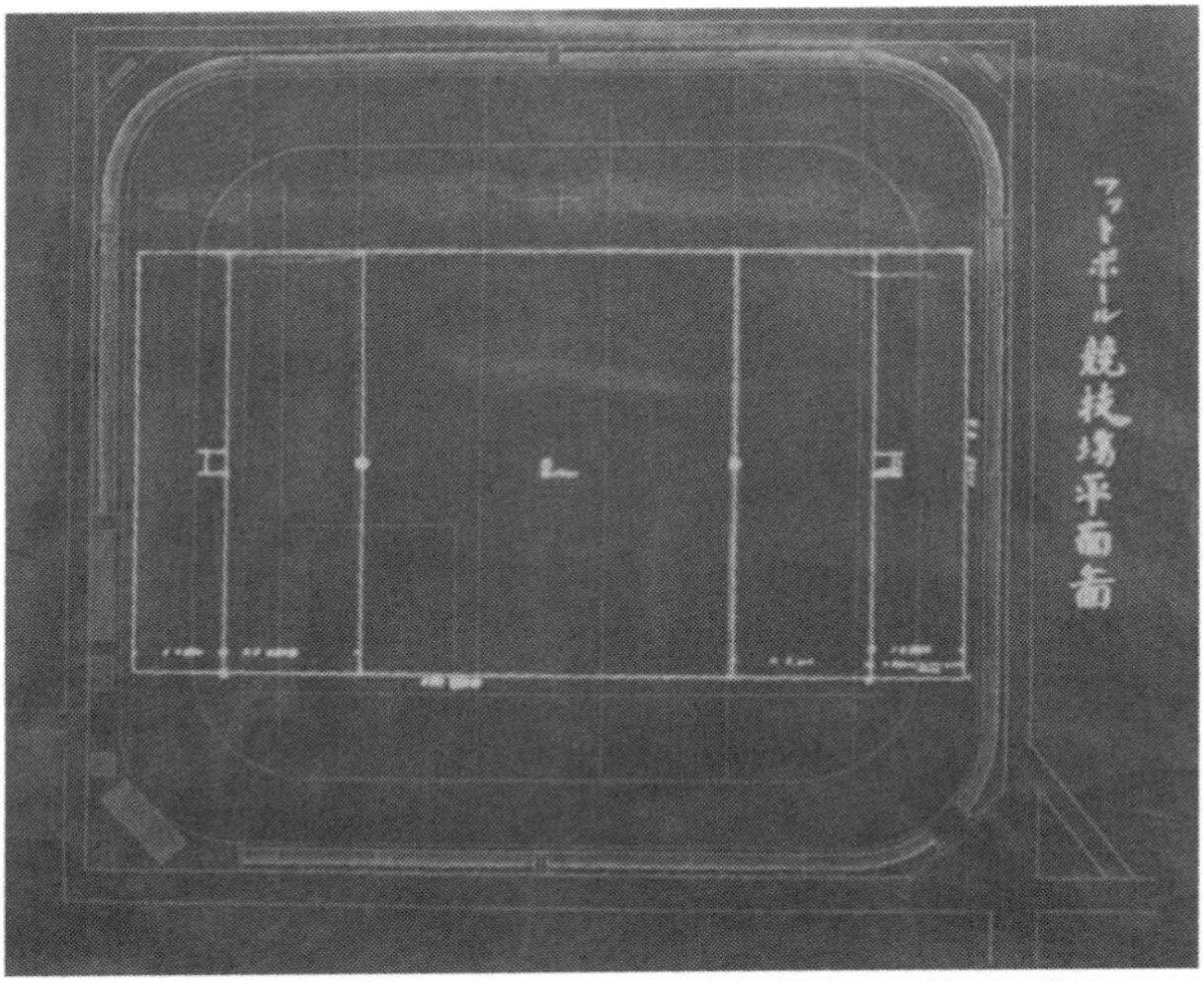

図版14　豊中運動場のサッカーコート平面図。縦にラグビーコートを設けて十字形に交わった（阪急文化財団提供）

京都一商が不参加となると、大会の意義がますます希薄になる。主催者は「大学相手に教えを請うつもりで立ち向かうことに意義を見出してほしい」と必死に説得した。

京都一商はようやく出場を決めたという。

十字に交わるコートで交互に試合

第1回日本フートボール優勝大会は、1918年1月12日、2日間の日程で開幕した。みぞれまじりの寒風が吹きつける豊中運動場に、なんとも奇妙なラインが引かれていることに、だれもが気がついた。

ほぼ正方形のグラウンドに、南北方向にラグビーコート、東西方向にサッカーコートが設けられた。

上から見ると、両方のコートが十字形に交わっていた。ラグビーの次はサッカー、その次はラグビーと、交互に試合をおこなえるようにする苦肉の策だった。

「こんなことして、選手がライン間違えたりせえへんか」

と懸念《けねん》の声があがった。試合がはじまると、懸念の声は的中することになる。

サッカーとラグビーを交互に組み合わせた日程が組まれた。

▽1月12日
①サッカー　明星商業－関西学院
②サッカー　御影師範－奈良師範
③ラグビー　三高－全同志社
④サッカー　神戸一中－堺中

▽1月13日

①ラグビー　京都一商－全慶応
②サッカー　姫路師範－京都師範
③サッカー　準決勝
④サッカー　準決勝
⑤ラグビー　決勝
⑥サッカー　決勝

第1回日本フートボール優勝大会・ラグビー

ラグビーとサッカーの試合が交互におこなわれ、大会関係者でさえ混乱したという。ここでは混乱を避けるために、ラグビーとサッカーを分けてその戦いの跡をたどりたい。

まず、ラ式蹴球と呼ばれたラグビーから見てみよう。

試合に現れなかった慶応大

【ラグビー】（1月12日第三試合）

全同志社19－0三高

初日は、サッカーが２試合おこなわれた後の第三試合がラグビーの初戦となった。同志社と三高の対戦は、同志社が終始優勢に試合を進めて圧勝した。

全国中等学校優勝野球大会がはじまったとき、全国統一の野球規則がなく、あわてて試合規則をつくって急場をしのいだ。

ラグビーも同じで、全国統一のルールがなかった。急遽《きゅうきょ》、慶応、同志社、三高が採用しているルールを調整して統一ルールをつくった。何か問題が起きれば、審判員の合議で決めることにした。

得点自体が、現在のラグビーと大きく異なった。

・トライ（T）３点　（現在は５点）
・コンバージョンゴール（G）５点　（現在は２点）
・ドロップゴール（D）４点　（現在は３点）

・ペナルティーゴール（P）３点　（現在も3点）

イギリスでラグビーが誕生したころは、トライは単にキックする権利を得るだけのもので、トライ自体は得点にならなかった。フットボールはその名が示すように、あくまでもボールを「蹴る」競技だったのだ。

まだその名残《なごり》が残っていて、トライよりもキックの点数のほうが高かった。

【ラグビー】（1月13日第一試合）

京都一商（不戦勝）－全慶応

翌13日は第一試合で全慶応－京都一商が組まれ、第五試合で決勝戦を予定していた。ところが慶応は、試合開始時間になっても豊中に現れなかった。慶応は棄権したとみなして、京都一商の不戦勝とした。

慶応が現れなかったのは、「前日に神戸でおこなった神戸外国人団との試合で苦戦し、疲労した」というのが理由だった。

しかし本当の理由は「（大学生が主力の）慶応と京都一商では実力差があまりに大きすぎ

る。完膚《かんぷ》なきまでに打ちのめして、中学生に衝撃を与えるのは忍びない」ということだったらしい。

加えて、慶応チームが関西にやってきた最大の目的は、神戸在住の外国人チームとの対戦にあった。前日に外国人チームに勝ったことで満足してしまったというのも理由らしい。全国大会への意識はまだまだその程度のものだった。

「疲労で動けない」はずの慶応の選手はこの日、決勝戦には豊中運動場に駆けつけて、全員が全力で京都一商を応援していた。

ラグビー初代覇者は全同志社

【ラグビー決勝】（1月13日第五試合）

	T	G	P	D	前	T	G	P	D	後	計
京都一商	0	0	0	0	0	0	0	0	0	0	0
全同志社	3	1	0	0	14	4	1	0	0	17	31

図版15　第1回日本フートボール優勝大会ラグビー決勝戦、京都一商 - 全同志社（1918年1月13日、大阪毎日新聞記事）

出場校が4校でしかも不戦試合が1試合あったため、2試合目で決勝を迎えることになった。

試合は開始直後から同志社が優位に立ち、零封《れいふう》勝ちで第1回大会の覇者に輝いた。京都一商は、中等学校チームでは「関西の雄」の一つだったが、大学生が多数参加する同志社には歯が立たなかった。

試合後、京都一商の主将は「同志社は大学との混成チーム。京都一商は中学生の純血チームだから事実上の優勝をしたと思っている」と胸を張った。

唯一の暖房は「鉄砲風呂」

豊中運動場で真冬に大会が開かれるのは、開設以来初めてだった。霜柱《しもばしら》が立ち、水たまりはすっかり凍《こお》るほどの冷え込みだというのに、寒さをしのぐ設備は何もなかった。とりあえず、更衣室だけはテントを四方に張ったが、寒風が容赦《ようしゃ》なく吹き抜けた。

唯一《ゆいいつ》、体を温めることができるものは、相撲《すもう》の地方巡業が来たときに使った「鉄砲《てっぽう》風呂」だった。木桶《きおけ》に鉄製の筒を立ててその中に燃えた薪《まき》を突っ込んで湯を沸かす風呂だが、温まるのに時間がかかりすぎた。

ある選手はこう話している。

「みぞれまじりの雪が降る寒い日などは、鉄砲風呂ではとても体が温まらない。入る順番を待っているあいだはずっと寒さで震《ふる》え、入ってもすぐに出なければならずますます震え上がった」

第1回日本フートボール優勝大会・サッカー

ラグビーの2倍、8校が参加

サッカーには、御影師範(現・神戸大学)、奈良師範(現・奈良教育大学)、姫路師範(現・神戸大学)、京都師範(現・京都教育大学)、堺中(現・大阪府立三国丘《みくにがおか》高)、神戸一中、明星《めいせい》商業(現・私立明星高)、関西学院の8校が参加した。ラグビーの出場校の2倍で、最低限のトーナメント戦を組める出場校数だった。

出場校の半分が師範学校だった。早くからサッカーを正式競技とした東京高等師範学校から全国の師範学校に伝わったため、ラグビーよりも普及のスピードは速かった。

そうはいっても、競技人口はかぎられていた。

神戸一中の有村良秋選手は「試合ができる相手が少ない。中学生でも大学生でも外国人でも、試合ができるのなら相手を選んでいられない」と語っている。

それだけに、初の全国大会への意気込みは並大抵のものではなかった。

明星商業は「早くグラウンドに慣れたほうがいい」と年末年始の休暇を返上し、豊中で合宿して準備した。

敗北に怒りと号泣――一回戦

【サッカー一回戦】（1月12、13日）
明星商業2－0関西学院
御影師範2－0奈良師範
神戸一中8－0堺中
姫路師範1－0京都師範

一回戦で奇《く》しくも、師範学校同士の対戦が2試合組まれた。

監督やコーチが東京高等師範時代の同級生であったり、先輩後輩だったりすることもあって、「サッカーで同じ師範学校に負けるわけにはいかない」と、選手を奮《ふる》い立たせた。

最強チームと評判の御影師範は、「初戦で負けるわけにはいかない」と、悲壮な決意で試合にのぞんだ。奈良師範を破り、元東京高師の選手だった松本従之教諭は「よかった」と胸をなでおろした。

一方の奈良師範の磯田四郎教諭は、同じく東京高師の元選手だったこともあり、「こんな負け方をするなんて出来が悪すぎる。なぜもっと頑張らないんだ」と怒りをぶちまけた。

姫路師範は、1点を争う好ゲームを制した。敗れた京都師範の主将は、応援団の前で号泣した。よほど悔《くや》しかったのだろう。自らの右脚を指して「今日はこの脚が、どうもこの脚が……」と叫《さけ》んで悔しがった。

曖昧なルールで大混乱――準決勝

サッカーは1月13日、準決勝を迎えた。

2試合ともにルールが原因でトラブルを起こしてしまった。ルールの解釈を曖昧《あいまい》にしたまま、大会をはじめたツケが回ってきた。

【サッカー準決勝】（1月13日）
御影師範1－0神戸一中

同じ神戸の学校とあって、ライバル意識をむき出しにした。試合は殺気立ち、相手のすねを蹴り上げる選手が出てくると、体当たりを食らわす選手もいた。過激さはどんどん増していった。

そんななかで、神戸一中が反則を犯す。

ゴールキックを得た神戸一中のキーパーが、審判の笛が鳴る前に蹴ろうとして注意を受けた。再度蹴ろうとしたときも笛の前だったため、「相手の隙《すき》につけ込んだ」として御影師範にペナルティーキックが与えられた。

当時のルールでは、ゴールキックやコーナーキックは、両チームの選手が定位置についたのを審判が確認して笛を吹いたのちに認められていた。「相手の隙をつくようなプレーは卑《ひ》劣《れつ》だ」ということだったらしい。

御影師範はペナルティーキックを決めて、貴重な1点を奪取した。

これに対して神戸一中のキーパーは怒り心頭、「やってられるか」と勝手にフィールドから出ていってしまう。

試合はそのまま終わってしまった。

御影師範の応援団は、陸上の長距離選手を応援席に連れてきていた。勝利が決まった瞬間、電報の頼信紙《らいしんし》をわしづかみにして、約2キロ離れた郵便局まで飛んでいった。

「1チウニカツ　ゲンキオウセイ」の電文を学校の留守部隊に送っている。

一方の神戸一中の無念は、はかりしれなかった。試合後に選手全員が主将の自宅に集まった。主将が涙をふきながら「優勝できなかった。無念で無念で仕方ない」と挨拶すると、全員が号泣した。

【サッカー準決勝】（1月13日）

明星商業1－1姫路師範

（ゴールキック数で明星商業の勝ち）

明星商業も姫路師範も互いに1点を奪取し、同点のまま時間切れとなった。審判の協議の結果、試合を10分間延長することになった。

ところが大会規約では、同点の場合はコーナーキック数で勝敗が決まり（コーナーキックの多いほうが勝ち）、それも同数の場合は、ゴールキックの数で勝ち負けを決める（ゴールキックの少ないほうが勝ち）ことになっていた。

姫路師範は延長戦を受け入れなかった。コーナーキック数が同数だったため、結局規約にしたがってゴールキック数で明星商業の勝ちとなった。

姫路師範は延長戦を受け入れていたら勝てたかもしれない。なぜ拒否したのか不明だが、審判のルールの解釈がつねに曖昧で、恣意的《しい》にも見える運用がつづくことで嫌気がさしたのかもしれない。

準決勝は2試合とも、後味が悪く冴《さ》えない試合になった。

サッカー初代覇者は御影師範

決勝で対戦する御影師範と明星商業は、3ヵ月前に開かれた近畿蹴球大会の決勝でも対戦した。このときは明星商業が勝利を飾った。

雪辱《せつじょく》を果たしたい御影師範と、勢いのまま全国制覇《せいは》をなしとげたい明星商業。実力校同士の白熱した対戦になった。

【サッカー決勝】（1月13日）
御影師範1－0明星商業

試合開始直後、御影師範が電光石火《せっか》の攻撃を仕掛けて先制した。後半は一進一退がつづい

図版16　第1回日本フートボール優勝大会。上：サッカー優勝の御影師範、下：ラグビー優勝の全同志社（大阪毎日新聞記事）

たが、御影師範が1点を堅持《けんじ》して、初代覇《は》者《しゃ》に輝いた。

サッカーは技術的にも戦術的にもまだまだ未熟だったが、審判のレベルも決して高くなかった。

審判は東京高等師範出のサッカー経験者が中心だった。しかし、それだけでは人数がそろわず、やむなく野球取材担当の新聞記者にラインズマンを頼み込み、ようやく試合をはじめることができた。

サッカーをよく知らない素人《しろうと》が審判をつとめることから、「オフサイドはなし」ということになってしまった。また、

「スローインはラインと直角に投げなければならない」

「コーナーキック、ゴールキックは、選手全員が定位置についたことを確認した主審の笛が鳴った後でなければならない」

といったような、よくわからないルールも設けられた。


試合は荒々しかった。

突き飛ばしたり、蹴飛ばしたりは茶飯事で、ときには相手を腰投げで投げ飛ばしたり、選手全員で殴り合いになることもあった。

応援はもっと荒っぽかった。

下品きわまりない学生の野次《やじ》に対して、当時の新聞はこんな苦言を呈している。

「学生の野次が下等な悪罵《あくば》を逞《たくま》しゅうして平然たりしは当日最後まで健闘した選手の努力を傷つけること甚《はなは》だしかった」

ラグビーは豊中から全国へ

豊中生まれの選手たち――第2回日本フットボール大会

日本フットボール優勝大会（第1回大会の「フートボール」は第2回から「フットボール」と改められた）は、第5回大会まで豊中運動場で開催された。

サッカーが大会ごとに参加校数を増やしていったのに対し、ラグビーの参加校はなかなか増えず、一部のチームにかぎられてしまうことが多かった。「ラグビーを全国レベルにするのは難しいのではないか」という弱気な声も出ていた。

しかし、豊中運動場で生まれた全国大会は、着実にラグビーの実力を上げ、注目度を高めていた。日本フットボール大会で活躍した中学生が、高校や高等専門学校、大学予科に進学してラグビーチームをつくり、実力の底上げをはかっていった。

豊中生まれの選手たちがまいた種は、確実に全国で育っていた。

大学生に挑む「少年軍」の奮闘

第２回日本フットボール大会は１９１９（大正８）年１月18、26日の２日間開かれた。全慶応、同志社大学、同志社中学、京都帝大、三高、京都一商が参加、大学生、高校生の出場は認めたままだった。

同志社が大学と中学に分けてチーム編成したため、純粋な中学生チームとして参加したのは同志社中と京都一商だけだった。両チームは「少年軍」と呼ばれた。

【ラグビー一回戦】（１月18日）
全慶応６－０同志社大学
京都帝大３－３同志社中（引き分け）
三高18－０京都一商

体力差や体格差があっても果敢に攻め込んでいくのがラグビーの魅力の一つだ。大学生や高校生に挑《いど》む中学生の奮闘が、一気に注目を集めてしまった。

京都帝大と対戦した同志社中は、体格でも実力でも劣《おと》っているのは一目瞭然《いちもくりょうぜん》だった。「中学は簡単にひねり潰される」というのがおおかたの予想だった。

ところが、同志社中は大学生相手に大健闘した。同志社中は前半に3点を先制されたものの後半に追いつき、同点に持ち込んで、そのままノーサイドになった。

京都帝大のショックは察するに余りある。大会本部に強硬に延長戦を主張した。3－3のまま10分間の延長戦に入ったが、結局京都帝大は得点できず、ショックの度合いを大きくしてしまった。

つづいて、三高に挑んだ京都一商には、同情と期待が集まった。豊中運動場は「頑張れ京都一商」の声援があふれる異様な雰囲気に包まれた。

試合は三高が圧勝したものの、三高は完全に〝敵役《かたきやく》〟になってしまった。

三高が貫禄の優勝を飾る

【ラグビー準決勝】(1月26日)

同志社中－全慶応

(全慶応の棄権で同志社中の不戦勝)

三高－京都帝大

（京都帝大の棄権で三高の不戦勝）

〝少年軍旋風〟はすっかり大学チームの戦意を奪《うば》ってしまった。準決勝の２試合は全慶応と京都帝大が棄権し、同志社中と三高の不戦勝というなんとも締まらない結末になった。

【ラグビー決勝】（1月26日）

	T	G	P	D	前	T	G	P	D	後	計
同志社中	0	0	0	0	0	0	0	0	0	0	0
三高	2	0	0	1	10	3	1	0	0	14	24

少年軍に奇跡は起きなかった。実力に勝《まさ》る三高が一方的な試合で大勝し、優勝を飾った。

偽名出場が続出——第3回日本フットボール大会

第3回大会は1920（大正9）年1月18日に開幕した。

前年までは高校生や大学生の参加を認めていたが、「体が大きい高校・大学生と中学生を対戦させるのは、体力的に無理だし不合理だ」と中学側から申し入れがあり、「中学の部」と「高専・大学の部」に分けることになった。

ところが当時、全国の中学校で本格的にラグビーをしていたのは、同志社中と京都一商ぐらいだった。中学の部に出場を表明したのはこの2校だけで、同志社中－京都一商戦がそのまま決勝になってしまった。加えて、高専・大学の部は出場校がなく、中止になった。

【ラグビー決勝】（1月18日）

	T	G	P	D	前	T	G	P	D	後	計
京都一商	0	0	0	0	0	0	0	0	0	0	0
	1	0	0	0	3	0	0	0	0	0	3

同志社中

初優勝した同志社中のハーフバック・片岡春樹選手が、当時の試合について後年、こう語っている。

「技術的には未熟だった。力で相手を押しまくり、ゴール寸前まで迫っておいてスクラムサイドを抜いてトライを決めるといった戦法だった。オープンに球が出ることはあまりなかった」

広く展開してパスでつないでいくというのではなく、力任せに押せるだけ押しまくり、相手のスキを突いてトライするというのが当時の戦法だった。体格のいい選手をどれだけそえられるかが、勝敗を分けてしまった。

同志社中のハーフバック・河合道正選手は「初めての中学同士の大会だったので、勝ちたいし、勝たんといかんと思った」と話した。学校の名誉を背負っての出場だった。

しかし、「勉強もせんとラグビーにうつつを抜かしとる」との批判も受けた。家族に隠して試合に出場する選手が多数おり、偽名《ぎめい》が横行した。

片岡選手も「田崎」と偽名を使って選手登録しており、当時の新聞には「田崎選手のトライ」と記されている。

慶応「幻のトライ」——第4回日本フットボール大会

第4回大会は、1921(大正10)年2月に開かれた。

中学の部には同志社中、慶応普通部、京都一商の3校、高専・大学の部には慶応大、大阪高商(現・大阪市立大学)、関西学院高等部の3校が出場した。

【ラグビー準決勝】(2月11日)

同志社中3－0慶応普通部

ラグビーとサッカーの試合を交互にするために、ラグビーのコートを南北に、サッカーのコートを東西に設け、両方のコートが十字形に交わっていたことは前述した。この〝十字形〟が、試合の帰趨《きすう》を決める「幻のトライ」を生み出してしまった。

慶応の選手が独走態勢となった。「同点トライだ」と白線を右側から大きく回り込んでスピードを緩《ゆる》めた瞬間、猛烈なタックルを受けてしまった。

選手が見た白線はサッカー用の白線で、ラグビー用の白線はまだ数メートル先だったのだ。

これがトライになっていれば慶応は同点に追いつき、キックが決まれば一気に逆転していた。結局、同志社が３－０で慶応を退けた。

【ラグビー決勝】（２月12日）

	T	G	P	D	前	T	G	P	D	後	計
京都一商	0	0	0	0	0	0	0	0	0	0	0
同志社中	1	0	0	0	3	1	0	0	0	3	6

決勝は、前年と同じく同志社中と京都一商が激突した。京都一商は雪辱を果たせず、同志社中が二連覇を飾った。

▽ラグビー高専・大学の部

【準決勝】（２月11日）

慶応大33－０大阪高商

【決勝】（2月13日）

	T	G	P	D	前	T	G	P	D	後	計
関西学院高等部	0	0	0	0	0	0	0	0	0	0	0
慶応大	7	0	0	1	25	5	0	0	1	19	44

高専・大学の部は、慶応大が初優勝を決めた。

天候に恵まれず、選手は泥沼のグラウンドで楕《だ》円《えん》球を追った。ラジオもテレビもなく、電話も官公庁や商店にしかなかった当時、試合予定をチームに伝えるのはいまでは想像できないほど大変だった。

試合が雨天中止になった、と勝手に思い込むチームが多かったようだ。新聞には「少雨にても競技は開始しますから選手諸君は必ず来場願います」と大きな活字の注意書きが掲載された。

同志社中の黄金時代——第5回日本フットボール大会

豊中運動場は1922（大正11）年夏に9年間の歴史を閉じることになる。同年2月に開かれた第5回日本フットボール優勝大会は、豊中運動場で開催される最後の大会になった。中学の部に出場したのは、同志社中と京都一商の2校で、3大会連続の同一カードになった。

高専・大学の部には、第三高等学校、早稲田大、大阪高商が出場した。

【ラグビー決勝】（2月11日）

京都一商		同志社中
0	T	1
0	G	0
0	P	0
0	D	0
0	前	3
0	T	1
0	G	0
0	P	0
0	D	0
0	後	3
0	計	6

京都一商は3年連続で同志社中に敗れた。3連覇の同志社中は、1924年の第7回大会まで優勝をつづけ5連覇を記録する。

▽ラグビー高専・大学の部

【準決勝】(2月11日)

三高18－0早稲田大

【決勝】(2月12日)

	T	G	P	D	前	T	G	P	D	後	計
大阪高商	0	0	0	0	0	0	0	0	0	0	0
三高	0	0	0	0	0	1	0	0	0	3	3

サッカーは豊中から全国へ

ミカンが食べ放題――第２回日本フットボール大会

ラグビーが出場校不足で頭を悩ませたのに対し、師範学校を核に全国の中等学校に一気に広がっていったサッカーの出場校は、大会ごとに増えていった。

ただ、悩ましいことが起きていた。サッカー部が急速に増えていくのにしたがって、「全国」を名乗る中等学校蹴球大会が１９２０年ごろから次々と誕生していたことだった。

主催者は新聞社、蹴球団、大学、旧制高校、師範学校とさまざまで、１９３０年代に入ると全国中等学校蹴球大会が20以上も乱立することになった。なかには、いい加減な大会運営で主催団体の売名行為を疑うようなものまであった。

しかし１９３４（昭和９）年に、大阪毎日新聞社が主催する全国中等学校蹴球大会に大日本蹴球協会が主催者として加わることで、全国大会が一本化されて、中等学校サッカーは戦前の黄金期を迎える。

豊中運動場での熱戦がその原点になった。

１９１９（大正８）年１月18日に開幕した第２回大会には10校が参加した。師範学校が４

校を占めており、やはりその強さと層の厚さが目立った。
冬の豊中運動場で選手に人気だったのは「食べ放題のミカン」だった。選手たちは5分間のハーフタイムに、ベンチ近くのカゴに山積みにされたミカンを口にして、英気を養った。

【一回戦】（1月18日）
神戸一中2－0堺中
奈良師範－神戸高商（奈良師範が不戦勝）
【二回戦】（1月18、19、26日）
明星商業1－0関西学院
御影師範2－0京都師範
姫路師範3－0岸和田中
奈良師範0－0神戸一中（CK数で奈良師範の勝ち）
【準決勝】（1月26日）
御影師範1－0姫路師範
明星商業0－0奈良師範（CK数で明星の勝ち）
【決勝】（1月26日）

御影師範５－１明星商業

決勝は前年と同じ、御影師範－明星商業の対戦となった。後半に入って御影師範が地力《じりき》を見せ、明星は防戦一方になった。勢いに乗る御影師範が明星を降《くだ》して連覇を飾った。

厳しい一日3試合——第3回日本フットボール大会

１９２０（大正９）年1月の第３回大会には14校が出場した。会期は2日。交互におこなうラグビーと合わせて、一日あたり8試合以上おこなわなければならなかった。野球と違って試合時間が決まっているとはいえ、毎日日没をにらみながらの進行だった。

御影師範と姫路師範は、２試合戦った後に決勝にのぞんでいる。緊張感を途切れさせることなく一日３試合をこなすのは、やはり厳しかっただろう。

【一回戦】（1月17日）

御影師範２－０明星商業

関西学院6－0池田師範
和歌山中－堺中（堺中が棄権）
姫路師範－京都師範（京都師範が棄権）
神戸二中－岸和田中（岸和田中が棄権）
明星商業0－0奈良師範（CK数で明星）

【二回戦】（1月18日）

神戸一中2－0神戸高商
関西学院3－0明星商業
姫路師範4－0和歌山中
御影師範2－0神戸二中

【準決勝】（1月18日）

御影師範3－1神戸一中
姫路師範3－0関西学院

【決勝】（1月18日）

御影師範4－1姫路師範

決勝は師範学校同士の対決になったが、御影師範が姫路師範を降して3連覇を飾った。

御影師範がV4――第4回日本フットボール大会

1921（大正10）年の第4回大会は、前年より1ヵ月遅れて2月11日に開幕、14校が出場した。

【一回戦】（2月11、12日）
関学中等部0－0八幡商（GK数で関学）
奈良師範3－0池田師範
関学高等部－和歌山中（和歌山中が棄権）
御影師範5－0堺中
明星商業3－0京都師範
神戸一中1－0市岡中
【二回戦】（2月12、13日）
姫路師範5－1岸和田中

関学高等部－神戸一中（神戸一中が棄権）
明星商業1－0奈良師範
御影師範3－0関学中等部
【準決勝】（2月13日）
御影師範0－0明星商業（CK数で御影師範）
姫路師範1－0関学高等部
【決勝】（2月13日）
御影師範3－0姫路師範

決勝は、2年つづけて御影師範と姫路師範の対戦となった。試合は後半に焦《あせ》りが見えた姫路師範がオウンゴールで陣形が乱れ、意気消沈《しょうちん》してしまった。御影師範が4連覇を決めた。

2強時代へ突入——第5回日本フットボール大会

豊中運動場では最後になる大会は、1922（大正11）年2月10日に開幕した。出場校は19校を数えた。

【一回戦】（2月11日）
関学高等部4－0海草中
神戸二中1－0関学中等部
市岡中2－0桃山中
池田師範－岸和田中（岸和田中が棄権）
【二回戦】（2月10〜12日）
明星商業0－0関西大付属（CK数で明星商）
神戸一中3－0甲陽中
御影師範1－0大阪工業
京都師範2－0天王寺師範
姫路師範1－0堺中
関学高等部2－0市岡中
池田師範2－1神戸二中
【準々決勝】（2月12日）
京都師範1－0奈良師範

神戸一中1－1姫路師範（GK数で神戸一中）
御影師範2－1明星商業
関学高等部1－0池田師範
【準決勝】（2月12日）
御影師範1－0京都師範
神戸一中2－0関学高等部
【決勝】（2月12、13日）
御影師範0－0神戸一中（日没翌日再試合）
御影師範3－0神戸一中

御影師範－神戸一中の決勝は、2月12日の9試合目におこなわれた。午後5時を過ぎると一気に暗闇が広がり、後半に入るとボールが見えなくなってしまったため、再試合になる。翌日の再試合は、神戸一中の2回のオフサイドで御影師範が息を吹き返して勝利を飾った。御影師範はこれで第1回大会から5連覇を達成した。このあとも優勝をつづけ、7連覇をとげている。戦前の中等学校サッカーは、御影師範と神戸一中の2強時代に入った。

第４章　日本初の陸上選手権を開く

第1回日本オリムピック大会

日本初の陸上選手権大会

高校野球発祥の地というイメージが強いためか、豊中運動場は野球場だと思っている人が多い。

しかし、もともとは陸上競技をメインとする総合グラウンドとして建設されており、野球やラグビーなどの球技は、いわば〝間借り〟しておこなわれていた。

1913（大正2）年のオープニングゲームとして日米野球戦がおこなわれたことは詳述したが、開場記念行事として大々的に開催されたのは、1913年10月17日から3日間にわたって開かれた陸上選手権大会だった。

「日本オリムピック大会」と銘打《めいう》たれた大会は、大阪毎日新聞社の主催で開催された。

一方、現在の日本陸上競技選手権大会につながる第1回全国陸上競技会（大日本体育協会主催）が、東京・新宿の陸軍戸山《とやま》学校運動場で開かれたのは同年の11月だった。

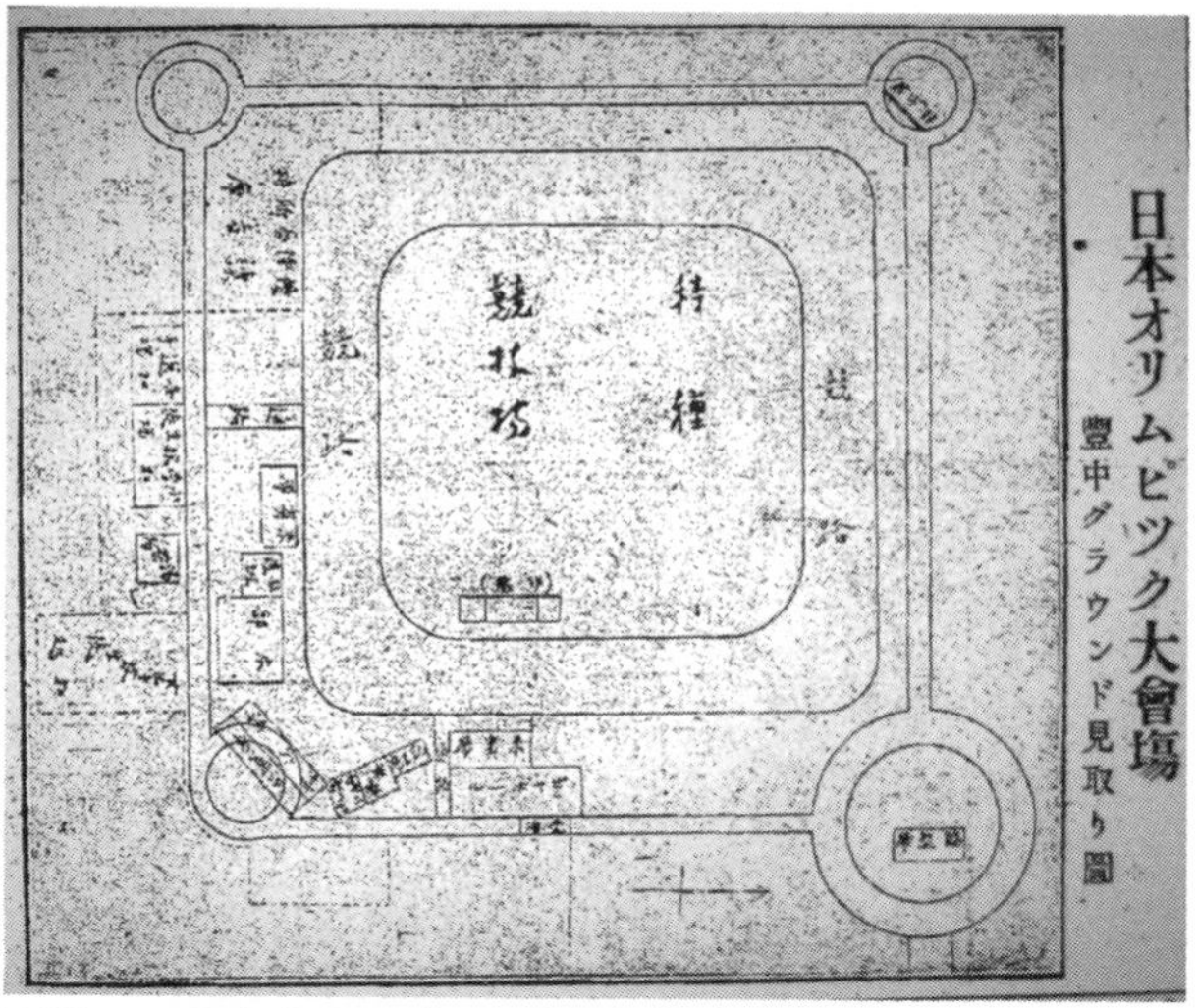

図版17　日本オリムピック大会開催時の平面図。トラックが正方形、円形は跳躍や投擲のフィールドと見られる

わずか1ヵ月の差だが、日本オリムピック大会が日本で初めて開催された陸上選手権大会となった。

陸上競技用に豊中を改修

豊中運動場が開場する前年の1912年に、第5回ストックホルム五輪が開かれ、三《み》島《しま》弥《や》彦《ひこ》（短距離走）と金栗《かなぐり》四《し》三《ぞう》（マラソン）が初めての日本人選手として出場した。日本のメディアはオリンピックの話題であふれていた。

オリンピックブームが後押しして、「オリムピック大会」と名づけられた。

豊中運動場は陸上仕様にするため、10日間かけて改修工事がおこなわれた。

三島弥彦のほか、3人の専門家からアドバイスをもらい、陸上競技に適した硬めのグラウンドにした。

グラウンドの中央に1周400メートルのトラックを設けて、砲丸投げなどの投擲《とうてき》や走り幅跳びなどの跳躍《ちょうやく》競技のためにグラウンドの四隅にフィールドをつくった。

また、観覧席を〝増設〟した。数千本の枕木を積み重ねて臨時の観覧席とし、前列に大量のむしろを敷いた。枕木とむしろとはなんとも頼りないが、観客スタンドを造ること自体が画期《かっき》的だった。

ハードルを見て不思議がる観客

競われたのは14種目だった。投球以外はすべてオリンピック種目に準じており、3年後のベルリン五輪（実際には第一次世界大戦のため開催中止）に向けて、選手を発掘したいとの思いが強かった。

100メートル走　　400メートル走
200メートル走　　800メートル走

１５００メートル走　　走り幅跳び
５０００メートル走　　竿《さお》跳び（棒高跳び）
１００メートル障害　　槌《つち》投げ（ハンマー投げ）
２００メートル障害　　鉄弾投げ（砲丸投げ）
走り高跳《と》び　　投球

オリンピックを意識していたのは種目だけではなかった。「オリンピック精神」を大会に取り入れようとしていた。

ストックホルム五輪では、陸上競技で優勝した選手がプロ野球選手だったことが判明し、「五輪のアマチュアリズムに反する」として金メダルを剝奪《はくだつ》された。「賞金稼ぎのプロ選手と認定されると、今後の五輪出場に差し支える」として、賞金を廃止し、金杯などの賞品を授与することにした。アマチュアリズムの理解を広めるのも目的の一つだった。

日本人にはなじみのない競技が多かった。

ハードルを駆け抜ける障害走は、当時の日本ではほとんどお目にかかれなかった。トラッ

図版18　ハードル走は選手、観客にとっても未知の競技だった（写真は1916年5月、第3回日本オリンピック大会のもの。阪急文化財団提供）

クに白いハードルを並べていくのを見た観客は「何がはじまるのか」と不思議がった。出場する選手も競技経験が浅く、お世辞にも「オリンピックレベル」には見えなかった。

やたらとぴょんぴょん飛び跳ねたり、ハードルを倒しつづけたり、ハードルとともに派手に転倒する選手が続出した。当然、目をおおいたくなるようなタイムしか出なかった。

そんな大会の中で、もっとも注目を集めたのは最終日の5000メートル走だった。同年2月にマニラで開かれた第1回極東オリンピックの5マイル（約8キロ）走で優勝した田舎片善次選手（愛知一中）に注目が集まった。

５０００メートル走は途中から激しい雨の中での戦いになり、虫垂炎《ちゅうすいえん》に悩む田舎片選手は、最終盤に失速した。

田舎片選手は「途中から具合が悪くなり棄権しようかと思った。『田舎片しっかりやれ』と声援してくれたので途中でやめるのは男らしくないと無理につづけた」とうなだれた。

１００メートル走12秒02の日本記録

記録的にはどうだったのだろうか。

１ヵ月後に東京で開催された大日本体育協会主催の陸上競技会と比較してみたい。単純に比べられない競技が多いが、両大会の記録が当時の日本陸上の最高記録になった。

	〈日本オリムピック〉 １９１３年10月	〈陸上競技会〉 １９１３年11月
１００メートル走	12秒02	12秒04
２００メートル走	26秒01	25秒25
８００メートル走	２分14秒06	２分14秒07

5000メートル走	17分22秒01	16分54秒
走り高跳び	1メートル60	1メートル47
棒高跳び	3メートル04	2メートル38
砲丸投げ	8メートル63	9メートル

日本オリムピック大会では100メートル走や800メートル走、走り高跳び、棒高跳びなどで日本記録が出た。そのほかも陸上競技会の記録と比べて遜色《そんしょく》がなかった。しかしストックホルム五輪の記録にはほとんどの競技で遠くおよばず、世界的に見ればまだまだその差は大きかった。

大会後、第1回日本オリムピック大会の記録映画がつくられ、各地で上映がはじまると爆発的な人気を呼んだ。

評判は海外にも広がり、ハワイ活動写真商会から上映の打診があったほか、ロンドンの日活出張所から「現地でぜひ上映したい」と注文が届いた。

豊中運動場での熱戦は、海外でも注目を浴びた。

第2回日本オリンピック大会

極東オリンピックの日本代表を選考

次に日本オリンピック大会（第２回大会から「オリムピック」を「オリンピック」に改めた）が開かれたのは、２年後の１９１５（大正４）年５月だった。前年は、昭憲皇太后《しょうけんこうたいごう》（明治天皇の皇后）の崩御《ほうぎょ》で、全国レベルの大会はほとんど中止になっていた。

２年ぶりに開催される日本オリンピック大会は、国際大会に直結する大会となった。５月15日に中国・上海《シャンハイ》で開幕する第２回極東オリンピックの日本代表選手選考大会に指定された。国内大会が国際大会出場選手の選考に使われるのは初めてだった。

極東オリンピックの代表選考を兼ねるため、国際レベルを維持することが必要だった。トラックは京都帝国大学の工学部教授と土木工学科のスタッフが測定した。また記録の計測にはストップウォッチに加えて、10分の１秒まで正確に測定できる「キモグラフィー」を準備した。

競技種目は五輪種目に準じて以下の14種目となった。

１００メートル走　２００メートル障害
２００メートル走　ハンマー投げ
４００メートル走　砲丸投げ
８００メートル走　走り高跳び
１５００メートル走　棒高跳び
５０００メートル走　走り幅跳び
１１０メートル障害　クロスカントリーレース（約20キロ）

金栗四三のクロスカントリーが注目

日本代表選手を選ぶ緊張感のなかで注目を集めたのが、ストックホルム五輪のマラソンに出場した金栗四三選手が参加するクロスカントリーだった。

豊中運動場がスタート、宝塚新温泉がゴールの約20キロで、１７６人が健脚を競った。

長距離種目がマラソンではなく、なぜクロスカントリーなのか。

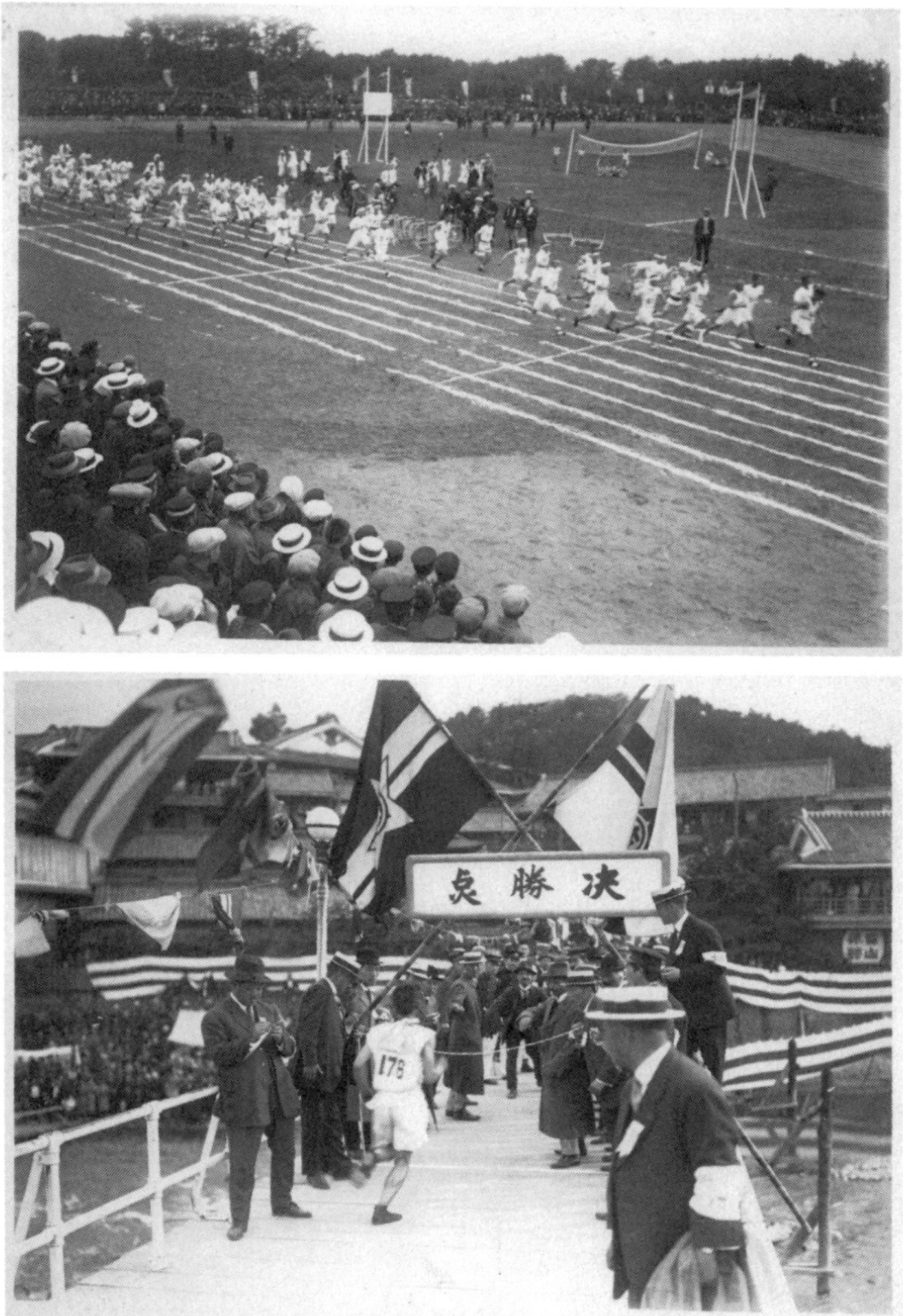

図版 19　第２回大会で登場したクロスカントリーが話題を呼んだ。上：スタートの豊中運動場。下：ゴール（決勝点）の宝塚新温泉（写真は第３回日本オリンピック大会、ともに阪急文化財団提供）

マラソンは第1回アテネ五輪（1896年、明治29年）からの競技種目だったが、42・195キロに確定するのは1924年のパリ五輪からだった。それまでは大会によって距離がバラバラだった。

一方、クロスカントリーは第5回ストックホルム五輪から3大会にわたって陸上の正式種目として採用された。大正時代の長距離種目といえば、マラソンとクロスカントリーだった。

クロスカントリーの出場者に対しては、こんな注意が与えられた。

（1）コース取りのために田んぼを踏み荒らすな
（2）走路沿いに一見してもわからない野井戸があるので注意せよ
（3）線路と交差する地点は自分で注意せよ
（4）裸足は絶対に禁止

最後の注意書きに注目したい。

当時、陸上競技には裸足で出場する選手が少なからずいた。履いてきた下駄を勢いよく脱ぎ捨ててスタートラインにつく猛者《もさ》もいた。ゴム底の足袋《たび》が売り出されるのはまだ少し先のことで、クロスカントリーにわらじ履きで挑《いど》む選手が多かった。

優勝したのは、以前に堂島《どうじま》で仲買人《なかがい》の仕事をしていた24歳の男性だった。「相場表配りで脚を鍛《きた》えましたから、自信がありました」と喜びを語った。

一方、注目の金栗選手は15位に終わった。扁桃炎《へんとうえん》で、ときおり血を吐《は》くほど体調を崩していたが、参加を強行した。「中止するのも不本意なので強いて出場しました」と無念さをにじませた。

「歩くのが競技なのか」と訝しがられた競歩

すべてに国際基準を意識した。

当時、国内開催の大会でおこなう走り高跳びや棒高跳びは、バーの代わりに紐《ひも》を使っていた。大会では「いくらなんでもまずい」と、急遽2・5センチ角のバーを使った。

また公開競技ではあるが、国内で初めて競歩が実施された。「徒歩競争」と名づけられ16人が参加した。「歩くのが競技なのか」という声が出るほど、なじみがなかった。

「両足いずれかの一方はつねに地面と接触し、きびすを一歩一歩地上につける」と説明し「下駄履きと裸足は禁ずる」という注意まで必要だった。それでも走ってしまう違反者が続出した。

好記録がつづいた。五輪記録にはおよばないまでも、100メートル走で11秒05、400メートル走で57秒06、1500メートル走で4分35秒の日本新記録が出た。極東オリンピック上海大会の代表選考にふさわしい大会になった。

第3回日本オリンピック大会

極東オリンピックでメダルを取れ

1916（大正5）年5月の第3回大会は、翌年の1917年に開催する極東オリンピック東京大会の日本代表選手選考会を兼ねた。日本で開催される初めての国際大会であり、注目度はそれまでと格段に違った。

もともと1916年の夏には第6回ベルリン五輪が予定されていた。しかし、第一次世界大戦が泥沼化して、オリンピックどころではなくなっていた。選手にとっても極東オリンピックは貴重な国際大会だった。

図版20　第3回日本オリンピック大会に出場した選手と大会関係者（1916年5月、ともに阪急文化財団提供）

ただ、過去2回開かれた極東オリンピックでの日本選手の成績はかんばしくなかった。金メダル数を見てみよう。

【第1回マニラ大会】(1913年)
①フィリピン16
②中国4
③日本3(1マイル走、5マイル走、野球)

【第2回上海大会】(1915年)
①フィリピン12
②中国6
③日本5(1マイルリレー、5マイル走、自転車、テニス単・複)

フィリピンが圧倒的に強く、2位が中国、日本は3位にとどまっていた。とくに陸上競技はフィリピン選手の独壇場《どくだんじょう》だった。自国開催で金メダル1位を達成するためには、短距離や中距離で記録を伸ばさなければならなかった。

競技規約は極東オリンピックに準じ、開催日は翌年の極東オリンピック開幕日と同じ5月20日とする念の入れようだった。

競技種目も当然、極東オリンピックの種目に準じた。

１００ヤード走／２２０ヤード走／４４０ヤード走／８８０ヤード走
５０００ヤード走／１マイル走／マラソン（10マイル走）
１２０ヤード障害／２２０ヤード障害
８８０ヤードリレー／１マイルリレー
立ち高跳び／走り高跳び／立ち幅跳び／走り幅跳び／棒高跳び
ハンマー投げ／砲丸投げ／円盤投げ／やり投げ／投球
五種競技（２２０ヤード走、１マイル走、走り幅跳び、砲丸投げ、円盤投げ）
バレーボール／バスケットボール

競技種目を「メートル制」にするか「ヤード制」（1ヤードは０・９１４４メートル）にするかで開幕直前まで揉《も》めた。

国際オリンピック大会はメートル制だが、極東オリンピック大会はヤード制だった。極東

図版21　上：日本人が初めて見たやり投げ。左：棒高跳びの着地場所にはクッションでなく砂がまかれた（第3回日本オリンピック大会、ともに阪急文化財団提供）

オリンピックの代表選手選考を最優先するため、ヤード制が採用された。

また、競技用具も国際仕様に統一した。ハンマー投げは従来、木製の柄のハンマーを使っていたが、鋼鉄ハンドルのついた国際基準のハンマーを使うことになった。

このほか、スタート時の号令は、「位置について」「用意」「ドン（号砲）」の日本式から、「オンザマーク」「ゲットセット」「ドン」の国際標準に変更した。

初めて登場する競技がいくつもあった。

やり投げもその一つだった。日本で競技がはじまって1年足らずで、だれもが初めて見る競技だった。いきなり日本記録を10メートル近く上回る新記録が出て、観客の度肝を抜いた。

円盤投げと五種競技は、国内大会で初めてのお目見えとなった。豊中運動場は新しい陸上競技のお披露目《ひろめ》の場にもなった。

サッカーボールを使ったバレーボールがお目見え

日本オリンピックは陸上選手権だったが、第3回大会ではバレーボールとバスケットボールの公式戦が特別競技としておこなわれた。

米国から日本に入ってきてまだ間がなく、公式戦が実施されるのは日本で初めてだった。

図版22　日本初のバレーボール公式戦。ボールはサッカーボールを使用（第3回日本オリンピック大会、阪急文化財団提供）

バレーボールは1913年にキリスト教青年会（YMCA）を通じて米国から日本に伝わったばかりだった。京阪神では比較的施設が整っていたことや米国人指導者が熱心だったことから、関東よりも普及が早かった。京都、大阪、神戸の各YMCAにチームができたほか、神戸高商にはバレーボール部ができた。

ただ、ボールの扱い方も攻撃法も未熟そのもので、試合前にルールを徹底しておかなければ試合にならなかったという。

当時は1チーム8人が二列に並んで戦った。また、使ったボールはサッカーボールだった。ネットの高さは２メートルを超えていたようだが、当時の日本人の身長から考えると、相当高かった。

リーグ戦は豊中運動場のほぼ中央に設けられた特設コートでおこなわれた。神戸高商が圧倒的な強さを示した。

▽バレーボールリーグ戦
○神戸高商　－大阪青年会●
○京都青年会－大阪青年会●
○神戸高商　－神戸青年会●
○神戸高商　－京都青年会●
○神戸青年会－京都青年会●

翌年の極東オリンピックのバレーボール日本代表チームには、このリーグ戦で活躍した選手が多数選ばれた。中国とフィリピンに敗れたものの、バレーボールを全国に広げる貴重なきっかけになったことは間違いない。

バスケットボールも日本初の公式戦

バスケットボールは、1915年に京都YMCAで日本初のチームがつくられたばかりだった。競技人口は全国で100人にも満たず、練習試合もできなかった。米国YMCAから派遣されたF・H・ブラウンが京都、大阪、神戸のYMCAで指導したため、関西で普及していった。

日本初のバスケチームができた京都YMCAの三条本館は「日本のバスケットボール発祥の地」となり、記念碑が立っている。

バスケットボールの公式戦は、女子の部と男子の部に分けて開催されることになっていた。しかし、女子の部の参加は神戸女学院のみにとどまり、男子の部も京都YMCAと神戸YMCAの2チームだけだった。結局、女子の部は模範競技しかできず、男子の部は京都YMCAが22－8で神戸YMCAに勝利した。

日本初の公式戦は寂しいスタートになってしまった。

ブラウンはやや辛口のコメントを残して、豊中運動場を後にした。

「バスケットボールもバレーボールも非常に弱い。東京で催される極東オリンピックで、日本は競技場を提供しながら外国チームにいいようにあしらわれるのか。いまから1年間、努力してほしい」

翌年の極東オリンピックでバレーボールもバスケットボールも健闘したものの、ブラウンの予言どおり、フィリピンと中国に敗れて最下位となってしまった。

図版23　日本初のバスケットボール公式戦。京都YMCA対神戸YMCA（第3回日本オリンピック大会、阪急文化財団提供）

五輪選手の合同強化トレーニング

豊中運動場では、第3回日本オリンピック大会の直後、1ヵ月間にわたって五輪選手の強化トレーニングがおこなわれた。

当時の日本には、陸上競技を科学的に教える指導者がほとんどいなかった。力任せに走ったり跳んだりして記録を出そうとするだけで、せっかくの能力を生かし切れない選手が大勢いた。

現在では小中学生が習得している短距離走のクラウチングスタート（両手を地面につけて屈んだ姿勢でのスタート）さえ、知らない選手がいた。

指導にあたったのは、これも前述のF・H・ブラウン。第3回日本オリンピック大会で優勝した選手はほとんどが参加した。

第1回の練習会は1916（大正5）年6月13日に開かれた。ブラウンが自らの指導理念について熱っぽく語った。

「私のコーチは、来年の大会（極東オリンピック東京大会）に間に合わせるというような姑《こ》息《そく》なものではない」

「スタイルを変えれば速力は一時的に遅くなるかもしれないが、いつまでもそれに固執していては決して上達しない。新しいスタイルを習得すれば、確実に優秀な記録を得ることができる」

ブラウンが最初に取り上げたのは、短距離走のスタートだった。第3回日本オリンピックの100ヤード走を例にあげて、「優勝した選手は走力では2位選手に劣《おと》っていた。しかしスタートが優れていたため優勝できた」とスタートの大切さを説いた。

図版24　自己流が多かった走り幅跳び（第３回日本オリンピック大会、阪急文化財団提供）

つづいて、２２０ヤード障害についても、

「最初のハードルは全速力をもって疾《しっ》走《そう》し、ハードルの飛び越しにあたっては高く飛ぶ必要はない」と解説し、実際にやって見せた。

自己流が抜けない選手が多かったが、練習を重ねるうちにタイムを更新していった。

お粗末な技術には科学的指導で

走り幅跳びは自己流がもっとも幅を利かせている競技だった。基本的なことさえ教えてもらっていない選手が多く、あまりのお粗末さにブラウンはあきれてしまう。テクニックを教授する以前の課題が多すぎた。

「踏み切りは思い切り強くし、かつ思い切り高く飛ぶこと」

「踏み切りまでの速力は全速力であること」

「左右どちらが自分の得意とする脚か間違えないように」

現在であれば小学生でも会得《えとく》していることから指導しなければならなかった。

逆にいえば、ブラウンが指導するまでは、全速力で助走することなく、踏み切る脚は左右バラバラだったのだろう。

指導陣に東京高等師範研究科の金栗四三や大阪医科大教授の木下東作《きのしたとうさく》らが参加し、プログラムは厚みを増した。

日本に入ってきたばかりの円盤投げは3メートル近くも飛距離が伸び、100ヤード走は最高で0・5秒もタイムを縮めた。

豊中運動場に集まった当時の日本の最強のコーチ陣の指導で、選手たちはいちじるしい成長を見せた。

第４回日本オリンピック大会

１日半のスケジュールを半日ですませる超強行日程

日本オリンピック大会は、国際大会の日本代表選考の大会として定着していった。

１９１８（大正７）年11月９日、10日に開かれた「第４回日本オリンピック大会」は、翌年５月にマニラで開催される極東オリンピックの代表選考大会も兼ねた。上海大会、東京大会につづいてのことで、すっかりおなじみになった。

「豊中から世界へ羽ばたけ」がスローガンになり、「優勝よりも記録を目指そう」と日本新記録、極東新記録、世界新記録をマークした選手にそれぞれ、日本賞、極東賞、世界賞を贈った。

競技は21種目に増え、１５００メートル走や１１０メートル障害では日本新記録が出た。

しかし、力強いスローガンも天候にはかなわなかった。

荒天の影響で１日目の競技が午前中で打ち切りになったうえ、２日目もグラウンド整備に手間取った。結局、1日半のスケジュールを半日ですませる超強行日程になってしまった。グラウンドコンディションは最悪で、極東賞や世界賞には遠くおよばない平凡な記録がつづいてしまった。

日本オリンピック大会が豊中運動場で開かれたのは、この第4回大会が最後で、翌年からは別の会場に移った。理由はわからない。

大日本体育協会主催の全国陸上競技大会も、陸軍戸山学校運動場から、芝浦運動場、東京帝大駒場《こまば》運動場、鳴尾《なるお》運動場と会場を転々としている。

甲子園大運動場や明治神宮外苑競技場、大阪市立運動場など、大規模スタンドを備えた総合グラウンドができるのはまだ数年先のことだ。

スポーツの全国大会は会場を転々としていた。

第5章　豊中から世界が見えた

選手にとっては「豊中から世界へ羽ばたけ」だが、ファンにとっては「豊中から世界が見えた」だった。

全国で開催される国際大会や国際試合の半分近くが、豊中運動場でおこなわれた年もあった。庶民《しょみん》が外国のアスリートのプレーに接する機会などほとんどなかった当時、豊中運動場は世界を目《ま》の当たりにできる貴重な舞台だった。

大正時代のグローバリズムの最先端を突っ走った、豊中運動場のシーンのいくつかを追ってみたい。

日本・フィリピンオリンピック大会

アジア最強・フィリピン選手を迎えて

1917（大正6）年5月に開かれた「日本・フィリピンオリンピック大会（日比大会）」は、この年に日本で開催された国際大会のビッグ3の一つだった。

「なんだ、日本人とフィリピン人の運動会みたいなものか」と思う方がいるかもしれない。この年のスポーツ界を知れば、そんな認識はなくなるにちがいない。

第一次世界大戦の影響で1916年のベルリン五輪が中止になったのをはじめ、国際大会や国際試合はほとんど中止になっていた。そんななかで、1917年5月に東京で開かれた第3回極東オリンピックは、日本初開催の国際大会という以上の注目と期待を集めた。

極東オリンピックは1913年、フィリピンキリスト教青年会（YMCA）のエルウッド・ブラウン主事が提唱して創設された。第1回大会は、米国の統治下だったフィリピン・マニラで開かれた。

第1回大会には、フィリピン、中国のほかに日本も参加を要請されたが、「キリスト教の宣伝に利用される」などを理由に非公式での参加にとどめた。2年後の1915年に開催された第2回上海大会でも、日本は非公式参加だった。

そして第3回大会は、東京の芝浦埋め立て地で開催することが決まった。日本は公式参加を表明し、本格的に選手の強化をおこなった。豊中運動場での合同強化トレーニングもその一つだ。

極東地区の「オリンピック」が売り物だったが、本家の近代オリンピック大会の提唱者・

クーベルタン男爵《だんしゃく》がオリンピックの名称使用を禁止してしまった。残念ながら、第3回東京大会から「極東選手権競技大会（極東大会）」が正式名になったが、庶民にはやはりなじみのある「極東オリンピック」だった。

せっかく東京で極東オリンピックを開くのだから、東洋一のグラウンドと評判の豊中運動場でも真剣勝負をしてもらおうということになった。東アジアで圧倒的な強さを誇るフィリピン選手を招待するという形で、大阪毎日新聞社が主催して「日本・フィリピンオリンピック大会」を開くことになった。

さすがのクーベルタン男爵もここまで「オリンピックの名称使用禁止」を訴えることはなかった。

5月8日～12日の極東オリンピックにつづいて、「日本・フィリピンオリンピック大会」は5月20日の日曜日に開催することが決まった。

極東オリンピックの東京大会は、初夏とは思えない厳しい冷え込みのなかでの競技となった。寒さで震《ふる》えが止まらないフィリピン選手は記録が伸びず、金メダル数で日本に抜かれてしまった。

それに対して、大阪は汗がにじみ出る暑さになった。雪辱《せつじょく》を誓《ちか》うフィリピン選手は「不甲《ふが》斐《い》なかった東京の仇《あだ》を討《う》ってやる」と意気を揚げた。

東京大会の記録を次々に更新

大会には、フィリピン選手37人と日本選手30人が出場した。２２０ヤード障害に出場予定のアストラキロ選手は「天気はいい。風もほこりもない。こんなすばらしいグラウンドを見たことがない」と上機嫌で語った。

まるで真夏のような暑さとなった大阪。フィリピン選手にとってはベストコンディションの中での競技がはじまった。

母国のような暑さのおかげか、フィリピン選手は記録を伸ばし、日本選手を圧倒した。１２０ヤード障害、２２０ヤード障害、走り高跳び、棒高跳び、円盤投げ、やり投げ、砲丸投げでは、１~３位をフィリピン選手が独占した。

また、フィリピン選手が本来の力を発揮できたこともあって、７つの競技で10日前の極東オリンピック東京大会の優勝記録を大きく上回った。

一方、真夏並みの暑さは日本選手にはとてもこたえたようで、成績は散々な結果に終わった。

グリコのキャラクターは豊中生まれ？

大阪・ミナミといえば、ド派手な看板がすっかり名物となっている。なかでもとりわけ人気なのが道頓堀《どうとんぼり》川沿いに設置されたグリコの巨大な電飾看板「ゴールインマーク」だ。

この看板は〝豊中運動場生まれ〟といわれている。

モデルとなっているのが、日比大会に出場したフィリピンのカタロン選手だ。短距離走のカタロン選手は220ヤード走で圧倒的な強さで優勝し、そのさわやかな笑顔から日本人のあいだに一気に人気が広まった。

「カタロンには勝たれん」が流行語になるほどだった。

江崎グリコは、日比大会の5年後の1922年に栄養菓子「グリコ」の販売をはじめた。その箱には、両腕を突き上げてゴールする陸上選手を描いた。大阪にはまだ、日比大会で人気を集めたカタロン選手の記憶が色濃く残っており、力強さの象徴としてモデルに採用されたというのが有力な説だ。

どのような経緯でグリコのキャラクターになったかは不明だが、江崎グリコを創業した江《え》崎《ざき》利《り》一《いち》が、豊中運動場でカタロン選手に声援を送ったのかもしれない。その活躍を新聞で読

図版25　豊中運動場には女性の観客の姿もあった（写真は第３回日本オリンピック大会のもの、阪急文化財団提供）

んだのかもしれない。

カタロン選手はレース後、自分の好記録について「豊中のグラウンドはフィリピンのレベルをはるかに上回っている。これはお世辞でも何でもない」と話し「とても気持ちよく走れました。グラウンドのおかげで極東オリンピック以上のよい記録を残すことができました」と笑顔で語った。

カタロン選手がグラウンドの質のよさ以上に驚いたのは、大勢詰めかけた女性の観客だった。

「女性の観客が多いのに驚きました。東京では女性は数えるほどで、日本の女性はこんなところに出かけてこないと思っていました。豊中に来て初めて、スタジアムで多くの女性を見ました」と感心した。女性も安心してスポーツ大会を楽しめる豊中運動場は、フィリピン選手の目に新鮮に映ったようだ。

フィリピン選手と日本選手が、競技を超えて交流を深めることができたのも大きな成果だった。豊中運動場のアットホームな雰囲気が、一気に距離を縮めたのだろう。

のちに女子の五輪選手育成に尽力する大阪医科大学教授の木下東作《きのしたとうさく》は、大会をこう述懐した。

「両国選手がお互いに知り合いになって、みなが楽しそうに出場していた。東京では見られなかった非常にすばらしい光景だった」

米国野球チームの遠征試合

大正時代にはアメリカからさまざまな野球チームが来日した。

東京や横浜で試合をした後、京都や奈良の観光を兼ねて、豊中運動場で日本のチームと対戦するのが恒例になっていた。

日本の野球はまだまだ発展途上だっただけに、アメリカの野球チームとの対戦は大きな刺激になった。観客にとっては、海の向こうの国の選手やプレーを生《なま》で見ることができる至福の時間となった。

おもな来日チームをたどりながら、エピソードを交えて紹介する。

抗議や試合放棄が置き土産――ワシントン大学（１９１３年10月）

ワシントン大学野球部の来日は、豊中運動場が開場して間もないころだった。関東で早稲田大、慶応大、明治大と交流試合をおこなった後、大阪朝日新聞社の主催で豊中運動場を訪れた。

関東でのワシントン大は４勝６敗１引き分け。日本チームが健闘したように見えるが、放棄試合が２試合もあった。

球場の特別規則の解釈をめぐりワシントン大が試合を放棄すれば、降雨ノーゲームの主張が聞き入れられず慶応大も試合放棄した。また、審判の判定をめぐるワシントン大の猛抗議で試合がしばしば中断した。

「豊中でも騒動を巻き起こすにちがいない」と噂《うわさ》が広がった。

▽ワシントン大6－2早稲田大
▽ワシントン大5－2明治大

騒動つづきだった東京での試合から一転、豊中での2試合は見どころのある好ゲームとなった。

とはいえ、度を越した抗議や、不満があれば全選手が退場するという悪弊《あくへい》が〝輸入〟されたかもしれない。

後味の悪い日米野球戦だった。

全米一の実力を見せつけた――シカゴ大学（1915年10月）

当時、全米一の実力を持つといわれていたシカゴ大学野球部が来日した。関東で早稲田大と4試合、慶応大と3試合おこない、7戦全勝で豊中運動場に乗り込んできた。早稲田大との3連戦が組まれた。

▽シカゴ大３－０早稲田大
▽シカゴ大５－３早稲田大
▽シカゴ大９－１早稲田大

図版26　来日したシカゴ大野球部の選手たち（1915年10月、大阪毎日新聞記事）

豊中でもカモにされ、結局、シカゴ大は10戦全勝で日程を終えて帰国した。アメリカ野球のレベルの高さを思い知らされた。

日本チームが互角に戦えた ――ハワイ・セントルイス大学（１９１６年11月）

ハワイ・セントルイス大学野球部は、明治末に外国の野球チームとして初めて来日し、その後も慶応大との交流をつづけていたため、日本の

図版27　ベンチで試合を見守るハワイ・セントルイス大（上）と慶応大の選手たち（1916年11月、大阪毎日新聞記事）

ファンにはおなじみのチームだった。

この年も慶応大の招待を受けて来日し、東京で慶応大と試合を重ねた後、豊中運動場でも慶応大との3試合を予定していた。

▽セントルイス大3－3慶応大（日没十一回引き分け）
▽慶応大　6－4セントルイス大
▽セントルイス大8－1慶応大

豊中運動場では1勝1敗1引き分け。慶応大はトータルで3勝2敗1引き分けと勝ち越した。

外国チームにほとんど歯が立たなかった日本のチームが、ほぼ互角に渡り合えるようになってきたことを証明した3日間でもあった。

日系二世選手が活躍──シアトル旭（１９１８年９月）

米国在住の日系二世の選手でつくる「シアトル旭倶楽部」が来日した。見た目は日本人だが、ほとんどが米国生まれ米国育ちで、日本に来るのは初めてだった。

プロチームではなかったが、実力はずば抜けていた。当時、日本で最強といわれた関東の大学チームを次々と破って、豊中に乗り込んできた。

▽シアトル旭10－６北野中（現・大阪府立北野高）
▽シアトル旭５－３大阪高商
▽シアトル旭１－０大阪高工（現・大阪大学）
▽全大阪　４－０シアトル旭

シアトル旭の選手たちは率直な感想を残している。

豊中運動場について、グラウンドは高く評価した。しかし、観覧席のお粗末さを指摘し「試合中に外野に人がなだれ込んだり、試合終了後に観衆がグラウンドへ押し寄せてくるのはたまらない」と苦言を呈した。

日本の野球のレベルについては「米国のプロ野球はレベルが高くても、すべてが機械的でちっとも面白くない」としたうえで「日本の野球は精神的なゲームのような感じがする」と評価した。

シアトル旭は日本滞在中に17勝9敗と大きく勝ち越した。日系二世選手の活躍は大きな刺激になったにちがいない。

初めて入場料を取った――バンクーバー旭（1921年9月）

カナダの日系人チーム「バンクーバー旭」は、21世紀になってカナダ野球の殿堂入りを果たし、映画「バンクーバーの朝日」（2014年）で一躍有名になった。

▽バンクーバー旭4－1ダイヤモンド倶楽部（慶応OBチーム）
▽バンクーバー旭4－0商神倶楽部（神戸高商OBチーム）
▽バンクーバー旭3－3スター倶楽部（早稲田OBチーム）

この3試合は、豊中運動場開場以来、初めて入場料を徴収した。「一等席２円、二等席１円、三等席50銭」で、「金払ってまで見るもんじゃない」と思われていたスポーツが、「お金を払ってでも見たい」に進化したことがわかる。

黒人チームに超満員——シャーマン・インディアン（1921年10月）

「シャーマン・インディアン」は米国の黒人チームだった。日本に黒人チームがやってくるのは初めて。黒人を見るのは初めてという市民が多く、土、日曜の豊中運動場は超満員となった。

▽スター倶楽部　　３－１シャーマン
▽ダイヤモンド倶楽部７－３シャーマン

黒人選手たちはパワーあふれるプレーで観客を魅了したが、日本人チームに連敗してしまった。

第6章　スポーツを文化に育てる

急発展しはじめた日本のスポーツ界

観客輸送力・収容力不足となった豊中運動場

豊中運動場の最後はあっけなかった。

さよならセレモニーがあったわけでも、ファイナルイベントがあったわけでもない。「しばらく見ないなあと思っていたら、いつの間にかなくなっていた」という人が多かった。自然消滅したという表現のほうが正しいかもしれない。

数々の全国大会を開催し、国際試合で大観衆が沸《わ》き立ち、子供たちのあこがれだったグラウンドとしては、あまりにも寂しい最後だった。

彗星《すいせい》のごとく誕生して、幻《まぼろし》のように消えていった豊中運動場は、まさに〝幻のグラウンド〟だったのかもしれない。

阪急電鉄（当時は阪神急行電鉄）は1922（大正11）年6月、2万5000人が収容できる「宝塚運動場」（当時は兵庫県小浜《こはま》村、現・宝塚市）をオープンした。豊中運動場から北西に約13キロ。総面積は3万3000平方メートルと豊中運動場の1・5倍で、鉄筋コンクリート製の観客スタンドを設けた。

宝塚に新しい運動場を建設したのにはさまざまな理由があった。

阪急電鉄創業者の小林一三《こばやしいちぞう》は、エンターテインメント施設をすべて宝塚に集中させる経営計画を進めた。豊中運動場も当然、対象になった。

ただ、経営計画に組み込まれるまでもなく、豊中運動場は根本的な問題を抱えていた。イベントがあるごとに増えていく来場者に、阪急電車の輸送力が悲鳴をあげていたからだ。

豊中運動場でイベントがあれば、特別電車を増発するので、通常運転ができなくなっていた。一般の乗客は完全に締め出されてしまった。沿線の住宅地開発は急ピッチで進み、人口は右肩上がりに増えていた。一般の乗客を置き去りにした運転計画は立てられなくなっていた。

加えて、5000人程度の収容能力では、全国大会も国際試合も開けなくなっていた。もともと観覧席をつくるという発想がないままに建設されていただけに、一から造り直さなければならなかった。

10年足らずのあいだに、日本のスポーツ界は驚異的なスピードで発展し、豊中運動場はすっかり置き去りにされてしまった。

小林一三のスポーツ哲学

見えないスポーツとの接点

豊中運動場を建設したのは、箕面《みのお》有馬《ありま》電気軌道（現・阪急電鉄）の創業者・小林一三だった。小林一三は、希代《きたい》の経営者として歴史に名を残し、数多くの文献や資料に登場する。

しかし、豊中運動場に関してはほとんど名前が出てこない。

宝塚歌劇に象徴される舞台芸術や、東宝を設立した映画制作のほか、大衆芸能、茶の湯といったエンターテインメントには造詣《ぞうけい》が深かった。自分で脚本を書き、評論も多数残している。

スポーツに関心があったのだろうか。

そもそも豊中運動場とはどう関わっていたのだろうか。

小林一三は山梨県出身。慶応大に在学していたころは新聞記者を目指していた。そのおもな業績を挙げてみよう。

▽沿線に住宅地を開発し私鉄の沿線開発のモデルケースをつくった
▽日本で初めて住宅の月賦《げっぷ》販売をはじめた
▽日本で初めてのターミナルデパートを創業した（阪急百貨店）
▽日本で初めてのビジネスホテルを創業した（第一ホテル）
▽東京電燈（現・東京電力）の経営再建に辣腕《らつわん》を振るった
▽戦前は商工大臣、戦後は戦災復興院総裁として尽力した
▽芸術・芸能では希代のプロデューサーで、舞台の演出もおこなった
▽宝塚歌劇を創設した
▽劇場経営や映画制作で東宝グループを率いた

図版28　小林一三（朝日新聞社提供）

▽茶人《ちゃじん》であり、美術品の収集家だった

世に出ている小林一三像からは、スポーツとの関わりを感じさせるものはほとんどない。日々の出来事や考えたことを大量に書き残している『小林一三日記』には、大衆芸能や茶の湯についての記述はあるが、「豊中運動場で試合を観戦した」というような記述はない。おそらく観戦のために足を運んだことはなかっただろう。

日記に記されているスポーツといえば、大学を卒業して銀行に勤めていたころに観戦した早慶戦だ。日記に「これほど面白いものはまたと世界にあるまい」と記しているにすぎない。

豊中でプロ野球の球団を創りたい

小林一三は、豊中運動場でプロ野球の創設を画策《かくさく》していた。日本でプロ野球リーグができる20年も前のことだ。

高校野球の第1回大会である全国中等学校優勝野球大会が開かれた翌年の1916（大正5）年1月のことだ。

当時、全国最強だった早稲田大野球部が、春の米国遠征に向けて豊中運動場で冬季合宿を

していた。

小林一三がある日、合宿中の早稲田大野球部を招き、チームに帯同する河野安通志《こうのあつし》と面談した。河野は早稲田大の投手として活躍し、のちに日本初のプロ球団を創設するなど、当時の日本球界の中心人物だった。

ひとしきり他愛のない話がつづいた後、おもむろに小林がこう切り出した。

「日本でも野球の人気が高まってきました。アメリカでは職業野球が盛んなようだが、日本でも職業野球をやってみてはどうかと思うのですが……」

「大学出を採用して2年やらせてみる。もしだめならただちに撤収する。若いからすぐにやり直しがきくでしょう」

小林の話が単なる構想ではなく、きわめて具体的なことに河野は驚いたようだ。「そこまで野球の可能性について考えているのか」と感心しながら河野は静かに聞いていた。

河野はこの4年後、日本初のプロ球団「日本運動協会（通称・芝浦協会）」の設立に加わっている。河野は河野なりに、プロ野球創設に向けての具体的な青写真を描いていただろう。

しかし日米野球の結果を見ても、まだまだ日本の野球の実力は高いといえなかった。また興行として成立させるには、日本の野球人口の底辺をもっと拡大する必要があった。なによりも、あわててプロ球団をつくって失速させてしまうことを恐れていた。小林のいうように「だめならただちに撤収する」というわけにはいかないと考えていた。

河野は静かに答えた。

「日本にプロ野球をつくりたいという気持ちは私も持っています。しかし、実力の面でも興行の面でも、まだ早いと思います」

河野の意を汲《く》んだ小林は、それ以上話を進めることはなかった。プロ野球の創設には、当時最強だった早稲田大や慶応大の野球部の全面的な支援を仰がなくてはならない。河野の同意が必要だった。

もしこのとき、小林の提案に河野が同意していれば、豊中運動場を舞台にしてプロ球団設立の話が動き出していた。

豊中運動場が日本初のプロ球団の本拠地になっていただろう。

「ならず者」「やくざ者」でない選手を育成

小林一三のプロ野球構想は、豊中運動場での野球人気を目《ま》の当たりにしたことが契機になったことは間違いない。プロ野球実現への思いを持ちつづけた小林は、紆余《うよ》曲折の末、豊中運動場の閉鎖から2年後の１９２４（大正13）年に、念願のプロ球団「宝塚運動協会」を結成した。

プロ野球を単なる「興行」や「娯楽イベント」と考えず、「日本の大衆文化として定着させたい」との思いが強かったことが、宝塚運動協会創設の理念からわかる。

「学生野球の浄化と日本球界の指南者たらん」というのが理念だった。求めたものは「収益」ではなく「人格と社会常識を備えたプロ選手の育成」だった。

当時、野球を職業にするような輩《やから》は、「ならず者」「やくざ者」と見られた。そんな世相を熟知していた小林は「スポーツをビジネスとして成立させ、日本の文化として定着させるためには、まずなによりも人格形成が必要だ」と考えた。

宝塚運動協会の人格教育の厳しさは尋常《じんじょう》ではなかった。

入団試験の受験資格は中等教育以上を修了していることとし、面接では単に野球の技量だけでなく人格に優れていることが基準になった。名門野球部からの引き抜きは一切しなかった。

入団後も徹底した人格教育をおこなった。

午前中は英語や数学、簿記、漢籍などの勉強で、午後になってようやく野球の練習ができた。夜にも学習時間を設けた。自由時間などまったくなく、飲酒と喫煙も厳禁、勉強時間は一般の学生よりも長かったというほどの厳しさだった。

野球をやめた後でも社会人として通用する人格形成教育を徹底した。「学歴に関係なく、社会常識を身につけなければ、プロ野球を世間に認めさせることはできない」とくり返した。

小林一三のプロ球団経営構想

小林一三は、プロ野球の球団経営についても構想を持っていた。

いきなりプロ球団をつくってリーグ戦をやらせても収益は上がらない。「野球でメシを食っていけるわけがない」と世間の目は厳しかった。

そこで当初は、電鉄会社が社員として選手を集めて、球団を結成する。電鉄会社社員としてしっかり教育し、少しずつ野球の技術もアップさせ、プロ化を目指すことにした。

各電鉄会社がそれぞれ球団を持ち、リーグ戦をおこなって認知度を上げていく。関東と関西でそれぞれリーグ戦を持てば、東西で日本シリーズをおこなうことができる。そうすればプロ野球の人気は全国に広がるだろう。

なによりも、各電鉄会社が選手を徹底的に教育して、「ならず者集団」などと呼ばれないように、立派な強い球団をつくることが肝要《かんよう》であると考えていた。

小林一三は昭和の初め、すでに現在のプロ野球界の姿を見通していた。スポーツをビジネスとして、日本の大衆文化として、いかに育てて定着させるかを、豊中運動場の創設期から考えていた。

のちには、日本初の米大リーグ仕様の球場としてオープンする西宮球場を突貫工事で完成させ、阪急ブレーブス（現・オリックス・バファローズ）を創設した。

野球にかける執念《しゅうねん》は、並大抵のものではなかったと想像できる。

小林一三が豊中運動場で育てた「哲学」はこの二つだった。

「スポーツを単なる興行、単なるビジネス手段にしてはならない」
「スポーツを大衆に根ざした文化として育てなければならない」

豊中運動場は、「スポーツビジネス」と「スポーツ哲学」を生み出したグラウンドでもあった。

水野利八のスポーツへの洞察力

「関西学生連合野球大会」を主催したミズノ

小林一三と並んで、もう一人の豊中運動場の陰の演出者を取り上げておきたい。スポーツ用品の製造販売を手がけた美津濃商店（現・ミズノ）の創業者である水野《みずの》利《り》八《はち》だ。明治末に大阪で西洋雑貨の輸入販売店をはじめた水野利八は、中等学校野球の大ファンだった。野球用品の製造販売を手がけるようになると、赤シャツを着て試合会場に乗り込み、派手な応援を繰り広げた。赤シャツ応援のおかげで「美津濃の野球用具」は一気に評判になった。

水野利八は早くから、野球ボールの規格統一やバウンド基準の制定などを訴えた。粗悪なボールを一掃するとともに、ボールの品質のバラつきで選手に不公平が出ないようにするためだった。

加えて水野が熱心に進めたのは、野球大会の開催だった。

１９１３（大正２）年８月には、完成して数ヵ月しか経っていない豊中運動場で「関西学生連合野球大会」を開催した。

たしかに中学生は野球用具の得意客だった。しかし水野の中等学校野球への思い入れは、そんな商売の領域をはるかに超えていた。せいぜい学校対抗戦ぐらいしか機会のなかった選手たちに、「関西で一番を争うようなでっかい大会ができへんやろか」と考えた。

図版 29　水野利八（朝日新聞社提供）

新聞社に計画を持ち込んだが、どこも乗ってこない。「そんならわてのとこでやってみるわ」と美津濃商店主催での開催を決断した。

そして「せっかく開くんやったら、日本一のグラウンドで思う存分やってもらおう」と、会場はオープンしたばかりの豊中運動場に決めた。

大阪市民のあいだには「また水野さんとこがおかしなことはじめはった」「子供の野球大会やるなんて、商売にもならんのになんと物好きな」と陰口が広まったという。

関西学生連合野球大会は大成功だった。

京阪神の20校が参加して5日間にわたって開かれ、豊中運動場は連日超満員となった。この年の夏の大阪で、もっとも話題になった出来事だった。

大会の世話人をつとめた佐伯達夫《さえきたつお》(当時は早稲田大生、のちに日本高野連会長)は、大会の盛況ぶりを次のように述べている。

「水野さんの真面目な態度に感じ入ったので企画の中心となって働いた。豊中グラウンドは当時としては一流中の一流。この大会の出現が全国大会を創造する兆《きざ》しをつくったといっても過言でない」

「できたばかりの豊中運動場で大会を開いたのも人気を呼んだ。一塁側に十段ぐらいのスタンドがあり、ネット裏にも三百人ぐらいは入れたんじゃないか。三塁側はテント張り。外野は金属の棒に綱を張ってフェンスの代わりにしていた」

「中学生の間にも野球が広まって間もなくのことだからゲームをする機会なんてそんなになないし、試合そのものが楽しいんだな。何が何でも勝たなければならないといった悲壮感はなかった。アンパイアも袴《はかま》に草履《ぞうり》履き。一人で球審から塁審まで全部務めた」

「商売のために開いたんやありまへん」

水野が開催した関西学生連合野球大会は２年後、開催権を全国中等学校優勝野球大会にゆずったことは先述した。現在の夏の甲子園大会の原点は、水野利八が豊中運動場で開催した学生野球大会だった。

「なんと物好きな」と噂《うわさ》していた人たちは、手のひらを返したように「大成功でんな」と称賛した。

そして、一躍時の人になった水野に「美津濃のボールもグラブもよう売れまっしゃろ」という人さえ出てきた。

これに対して水野は色をなしてこう言ったといわれている。

「野球大会は決して商売の宣伝のために開いたんやありまへんで」

実際のところ、関西学生連合野球大会の開催には莫大《ばくだい》な費用がかかっている。店の宣伝だけを考えているのであれば、まったく採算に合わない。

朝日新聞社が、豊中運動場での学生野球大会の開催権をゆずってほしいと申し出てきたときも、

「中等学校の野球大会が、関西の一商店の手で主催されていてええとは決して考えてまへん。全国組織をもつ事業体のバックアップを得て初めて正しい形になります」

とあっさりと権利をゆずった。ただ単に商売のメリットだけを考えていたら、開催権を持ちつづけていただろう。

後年、水野は当時を振り返りながら「美津濃は、夏の甲子園大会の先鞭《せんべん》をつけたんです。種子をまくことができたんです。それだけで十分だす」と話している。

〝打てばゆがむ〟ボールはゆがまなかった

水野利八が「高校野球をいかに大切に考えていたか」を物語るエピソードがある。

太平洋戦争が終わり、戦後初の全国中等学校優勝野球大会が１９４６（昭和21）年８月に、西宮球場で開かれた（甲子園球場は連合軍に接収されていて使えなかった）。

食糧不足は深刻で、選手は米を持参して大会に参加した。

しかし、深刻なのは食糧だけではなかった。野球用品も足りなかった。とくに消耗品のボールを確保できず、大会本部は頭を抱えていた。

空襲を免れて焼け残った中古のボールをかき集め、ヤミ市で売っていた粗悪なボールまで買い集めたがとても足りない。そこで美津濃に「試合球を提供してほしい」と要請した。

資材不足はどこも同じで、鍋や釜、下駄まで作っていた美津濃も、正規の野球ボールを製造するどころではなかった。機械巻きの練習に使っていた試験用のボールぐらいしかなく、水野利八は「試合に使ってもらえるようなボールはありません」と断った。

しかし背に腹は代えられない大会本部は「試験用でもいいから提供してほしい」と粘った。水野は仕方なく「それなら、試験用のボールやということがわかるように〝投球練習専用ボール・打てばゆがむ〟と表示してもらえるんやったら使ってください」と応じた。だれもが「そこまでせんでも……」と思ったが、水野は一歩も引かなかった。

ようやく大会をはじめることができた。すぐに割れたり変形するボールが相次ぐなかで、〝打てばゆがむ〟と表示のある美津濃のボールがもっともよく飛び、最後までゆがむことがなかった。

「美津濃のボールがなかったら、大会は開けなかった」といわれている。

多少粗悪なボールでも、文句も苦情も出なかっただろう。それでも水野利八は徹底的に品質にこだわった。

「スポーツを単に商売のネタにしたらあきまへん」との信念を、敗戦直後のもっとも苦しい時代でも貫き通した。

「子供たちが楽しく野球のできる時代をつくりたい」

「野球を一般大衆に深く根ざした文化に育てたい」

そんな時代をつくり、文化が育てば、自分の事業も自然にうまくいくと考えたのだろう。

水野利八のスポーツへの洞察《どうさつ》は、小林一三のスポーツ哲学と相通じるところがある。水野も小林も後年、野球殿堂入りした。

その原点は、いずれも豊中運動場だった。

「阪急・毎日新聞」対「阪神・朝日新聞」の壮絶バトル

人気スポーツイベントが関西で次々生まれた背景

豊中運動場を支えたということで忘れてはならないのが、阪急電鉄（当時は箕面有馬電気軌道、のちに阪神急行電鉄）と阪神電鉄の両電鉄会社、大阪朝日新聞と大阪毎日新聞の両新聞社だ。

ライバル意識むき出しの壮絶《そうぜつ》なバトルがなければ、豊中運動場はただの原っぱに終わっていたかもしれなかった。

阪急電鉄と阪神電鉄のライバル意識は尋常ではなかった。経営統合による阪急阪神ホールディングズの設立（２００６年）は、関西人にとって驚天《きょうてん》動地《どうち》のニュースであり、「21世紀の奇跡」と噂した。

大正時代の両社は、大阪－神戸間で激しい乗客の奪《うば》い合いを演じた。阪神電鉄が「待たずに乗れる阪神電車」と利便性を前面に出せば、阪急電鉄は「綺麗《きれい》で、早ようて。がら空きで、眺《なが》めの素敵によい涼しい電車」とスピードと快適性を売り物にした。

昭和に入ると、ますます激化した。

「阪急ブレーブスと西宮球場」「阪神タイガースと甲子園球場」とプロ野球で競い合えば、宝塚ファミリーランドと阪神パーク、阪急百貨店と阪神百貨店という具合に、激しいライバル関係がつづいた。

大阪朝日新聞社と大阪毎日新聞社の争いも激烈だった。

特ダネ競争は、まさしく血で血を洗う戦いだった。

当時は速報や特ダネがあるたびに号外を競って発行した。号外の印刷のために相手の工場の煙突から煙が上がるのを24時間監視する社員がいた。印刷したての号外は真っ先に相手の会社の前でばら撒いて〝勝利宣言〟するのが常だった。

部数争いでも、広告の獲得争いでも、戦いは熾烈《しれつ》を極めた。

大正時代に大きなイベントを主催したのは新聞社だった。資金力があり、宣伝手段を持ち、イベントを企画・運営する人材がいるのは新聞社以外になかった。

一方で、乗客を誘致し、イメージアップをはかりたい電鉄会社は、沿線で人気イベントを開こうとした。行楽施設や遊戯施設をつくり、さまざまなイベントを企画した。

阪急と毎日新聞の連合軍
阪神と朝日新聞の連合軍

連合軍の結成で、バトルはますます激化した。
そして、バトルが激しくなればなるほど、豊中運動場は注目を集め、ビッグイベントを次々と生み出していった。

阪急と毎日新聞＝豊中運動場で中等学校ラグビー・サッカー
阪神と朝日新聞＝鳴尾運動場で中等学校野球

中等学校野球を阪神沿線に持っていかれた阪急は、中等学校ラグビー・サッカーを豊中運動場に招致した。
アメリカから来日した野球チームの試合も、社会人野球の大会も、それぞれの新聞社が主催し、それぞれの電鉄会社が沿線のグラウンドに招致するという構図ができ上がっていった。

いいチームが集まって好試合を見せれば、観客が集まった。企業イメージはアップして収益も上がった。

高校野球や高校ラグビー、高校サッカー、高校駅伝、甲子園ボウルなど、現在も人気のある多くのイベントが関西で誕生した。

すばらしいグラウンドがあり、地元に気鋭のチームがいたことが要因だが、電鉄会社と新聞社の壮絶なバトルが後押ししたことを見逃してはならない。

国際試合から小学校の運動会まで

子供も庶民も豊中でスポーツを楽しんだ

高校野球発祥の地というイメージが強いためか、豊中運動場では全国大会や国際試合といった大規模なイベントばかり開いていたと思われることが多い。

しかし、ビッグイベントがないときには、地元の野球大会や小学校の運動会などが頻繁《ひんぱん》に開かれていた。単純に開催された日数で見ると、むしろ地域のイベントのほうが多かった。イベントどころか、朝夕は、鬼ごっこをする子供たちや、いまでいえばジョギングする会社員でにぎわったようだ。

箕面有馬電気軌道が作成した「豊中住宅地図」を見れば、豊中運動場が建設された当初の目的が見えてくる。

「大運動場」と書き込まれた周辺は、すべて「住宅」となっている。碁盤《ごばん》の目のように道路が走り、一戸建ての区画が整然と並ぶ。一帯をすべて住宅地として開発しようとしたことは明らかだ。

豊中運動場には外壁がなく、正門もなかった。グラウンドはタダで貸し出しし、入場料は徴収しなかった。イベントで人を集めようとか、金を稼ごうというようなにおいがほとんどしない。

もともと、周辺住民の健康増進のための施設として計画されたとしか考えられない。

少なくとも完成当初は、中等学校野球大会も日米野球戦も、住民の健康増進の〝おまけ〟だったのではないだろうか。

豊中住宅地に独身寮を設けた銀行の頭取は、次のように語った。

「清澄な空気を吸って朝は早く起き、夜は夜更かしせず、豊中グラウンドに出て運動する。いまでは病人は皆無《かいむ》となりました」

「有名な運動場の近くですから、自然とスポーツに親しむようになるでしょう。当行の経験上、豊中がもっとも優秀だと思いますから、ここに独身寮を設けられることを希望します」

また、箕面有馬電気軌道が発行していたPR誌「山容水態《さんようすいたい》」には、「豊中運動場でスポーツに親しみましょう」という宣伝がしばしば登場した。

「秋晴れの日の下で野球に汗を流そう」と書かれたページでは、豊中運動場で試合をしたければ箕面有馬電軌経営係に申し込めばよいとされ、「運動場のライン引き」「湯茶の用意」「事務所の浴室利用」などのサービスを受けられるとしていた。

大阪市内の小学校が1日貸し切りで運動会を催したとの記録もある。児童や教師はもちろん、保護者や地域の人にいたるまで、約3000人が思う存分にスポーツを楽しんだようだ。

一流のアスリートが集《つど》う一方で、庶民《しょみん》が気軽に利用できたのが豊中運動場だった。

グラウンドが映し出す社会とスポーツ

豊中運動場の9年間が順風満帆《まんぱん》だったかというとそうでもない。大事件や自然災害など、社会を揺るがす出来事があるたびに閉鎖されかねなかった。

近代スポーツが認知されはじめたばかりの大正期、スポーツにのめりこむ者は「道楽者」で、スポーツを職業にしようと考える者はとんでもない「やくざ者」だった。

スポーツの地位はまだまだ低かった。

豊中運動場の前に立ちはだかった出来事をたどりながら、スポーツを取り巻く当時の社会世相に触れておこう。

昭憲皇太后と大正天皇

明治から昭和初め、皇室の慶事と弔事《ちょうじ》は、現在では想像ができない〝国家最大の行事〟だった。

豊中運動場がオープンした翌年の1914（大正3）年4月に、明治天皇の皇后で大正天皇の生母である昭憲皇太后《しょうけんこうたいごう》が崩御《ほうぎょ》した。5月2日から30日まで大喪《たいそう》の儀がおこなわれた。歌舞音曲《かぶおんぎょく》は自粛《じしゅく》され、イベントはすべて中止になった。スポーツ大会は規模の大小を問わず、真っ先に中止が決まった。

豊中運動場では、5月に予定していた第2回日本オリンピック大会が中止になったほか、半年間はほとんどのイベントがおこなわれなかった。

一方で、昭憲皇太后の崩御で延期になっていた大正天皇即位の御大典《ごたいてん》が1915（大正4）年11月におこなわれた。

もともと御大典は明治天皇即位まで、宮中で静かにおこなわれる式典だった。しかしこのときから、内外の賓客《ひんかく》を招き国民がこぞってお祝いするという大々的な国家行事になった。スポーツ大会は、慶祝ムードをさらに盛り立てる絶好の機会となった。

翌16年には立太子《りったいし》の礼（のちの昭和天皇の皇太子即位）、19年には皇太子成年式、と祝賀ムードが途切れることはなかった。

全国中等学校優勝野球大会や日本フットボール大会、日本オリンピック大会などの全国規模の大会は、祝賀ムードに乗って人気を高め、その基盤を固めていった。

皇室の動向は社会の空気を大きく左右し、スポーツは真っ先にその影響を受けていた。

大水害で下降線をたどりはじめる

地震や風水害などの自然災害はスポーツを直撃する。備えが貧しかった大正期には、すぐに大きな被害が出た。スポーツが二の次三の次にされてしまうのはやむをえなかった。

1917（大正6）年9月末、猛烈な台風が関西をおそった。台風は京都や大阪に記録的な豪雨をもたらした。淀川《よどがわ》の堤防が次々と決壊して、沿岸は約24キロにわたって水没し、10万人が家を失う大惨事《だいさんじ》となった。

豊中運動場は淀川から離れていたため、直接の被害はなかった。しかし、箕面有馬電気軌道の橋梁《きょうりょう》が完全に流されたため、再開のメドは立たなかった。

なによりも10万人の被災者が救援を待っているのに、スポーツ大会を開けるような状況ではない。豊中運動場は3ヵ月間にわたり開店休業がつづいた。

大人気の全国中等学校優勝野球大会を鳴尾《なるお》運動場に持っていかれ、豊中運動場より設備の優れたグラウンドの建設計画が次々と持ち上がっていた。3ヵ月のブランクはあまりにも大きかった。

豊中運動場が少しずつ下降線をたどっていくきっかけになった水禍《すいか》だった。

見えぬ敵、感染症との闘い

豊中運動場が直面した最も深刻な感染症はスペイン風邪《かぜ》（悪性のインフルエンザ）だった。世界で5億人が感染し、第一次世界大戦の戦死者を超える5000万人以上が死亡した。日本も例外ではなかった。1918（大正7）年秋から1921年夏まで3年間にわたって猛威を振るい、全国で40万人が死亡したといわれている。

とくに1918年の秋は日本人の3人に1人がかかり、バタバタと死んでいった。衛生状態も、医療体制も、栄養事情も貧しかった。スペイン風邪にかかっても、せいぜい胸にカラシを塗って寝ているしかなかったというから、死者はどんどん増えていった。

流行のピーク時に開かれていた「第4回日本オリンピック大会」では、出場を予定していた選手が次々と罹患《りかん》し、不安が広がっていた。

1500メートル走に出場し日本新記録で優勝した多久儀四郎（天王寺師範教員）は「練習はせず、ただただ例の流行風邪を引かないように、それぱかり注意していました。夜の外出など一切せず、ずいぶん気を使いました」と話している。

それでも大会自体が中止になることはなかった。中止になるどころか、豊中運動場は連日、超満員だったようだ。

日本オリンピック大会だけではない。スペイン風邪が流行していた時期、豊中運動場ではほとんどの大会が中止や延期されることなく実施されている。

観客数を制限するとか、感染対策のために試合のスケジュールを調整するというようなこともなかった。選手もスタッフも「かかったらかかったで仕方がない」とあきらめていたのだろうか。

ただ、豊中運動場をおそった感染症はスペイン風邪だけではなかった。現在であれば、ただちに感染者を隔離して大々的な防疫《ぼうえき》措置がとられる感染症が、大正期には次から次へと流行していた。

1914年には発疹《はっしん》チフス、1916年と1920年にはコレラが大流行している。赤痢《せきり》や腸《ちょう》チフスは、年中発生していた。

感染症の流行は、いわば〝日常茶飯事〟のことだった。流行のたびに中止していたら、大会も試合もできるときがなかった。

まさに感染症と共存しなければならなかった時代、スポーツ選手はつねに見えない敵との戦いも強いられていた。

豊中運動場の意義

正木《まさき》喜勝《よしかつ》

豊中運動場は、1913（大正2）年、箕面有馬電気軌道（現在の阪急電鉄）によって開設された多目的グラウンドである。ドライな見方をすれば、鉄道会社が乗客獲得のために用意した集客施設の一つということになるが、その実態は本書が示すとおり、じつに豊かなスポーツ文化の拠点であった。

豊中に行けば国際試合を含む最高レベルの競技を見ることができた。観衆はあふれ、多くの市民がスポーツ観戦という新しい娯楽を享受した。教育面に残した足跡も大きく、高校野球、高校サッカー、高校ラグビーの全国大会の礎《いしずえ》を築き、女子体育の普及にも力を入れた。その一方で競技講習会や余暇活動に運動場を開放するなど、スポーツ振興にも協力を惜《お》しまなかった。

こうした事業の多くは新聞社との協同でおこなわれた。本書が依拠する資料の多くが新聞記事である理由もここにある。鉄道会社のインフラ（会場と移動手段）に、新聞社の企画力と広報力が合わさることで、スポーツを大衆文化として根付かせることに成功したのである。豊中で花開いた新しい文化は、宝塚運動場から西宮球場へ、または鳴尾運動場から甲子園球場へと受け継がれることになった。

豊中運動場が利用されたのはわずか9年だった。もともと新市街の一角に設けられていたが、１９２２年の閉鎖後は住宅地に転用された。しかしその間、それまで無名に等しかった「豊中」という地名が紙面に躍りつづけた。来場者には、便利で環境のよい郊外生活の魅力をアピールできた。つまり豊中運動場は、地域の価値向上にも寄与《きよ》したのである。豊中運動場跡地に広がる閑静《かんせい》な住宅街を歩くと、あらためてその思いを強くする。

豊中運動場を後世に伝える一次資料は少ない。わずかに残る写真や絵葉書、住民の手によって保存されている煉瓦《れんが》塀《べい》の一部、阪急文化財団が所蔵する図面類、そして新聞記事くらいである。これらを紐解《ひもと》き一冊の書物が生まれたのは喜ばしい限りである。頁《ページ》をめくれば、選手の躍動が目に浮かび、球音や観客席から沸く歓声までが聞こえてくる。幻《まぼろし》のグラウンドはここに甦《よみがえ》ったといえるだろう。

（公益財団法人阪急文化財団学芸員）

あとがき

高校野球は日本の国民文化といわれている。

文化といわれているわりには、そのルーツであるグラウンド「豊中運動場」をめぐる記憶と記録はほとんど残っていない。

豊中運動場について書こうとしたらほとんど資料がないことがわかり、少なからず衝撃を受けた。「日本人のいう〝スポーツ文化〟とは、じつに底の浅いものだ」と思い知らされた。

今世紀に入ってスポーツは翻弄《ほんろう》されている。

東日本大震災でさまざまなスポーツ大会が中止になり、悔《くや》しい思いをしたアスリートが多かった。新型コロナウイルスの世界的な感染拡大で、スタジアムから歓声が消えた。スポーツの祭典であるはずのオリンピックは、コマーシャリズムによる肥大化のおかげで立候補する都市がなくなってしまった。

ゼロからスポーツを興《おこ》した先人たちの情熱や、さまざまな苦難を乗り越えてスポーツを育てたアスリートたちの思いを知れば、「いまスポーツができることは決して当たり前のことではない」と実感できるだろう。豊中運動場に刻まれたアスリートたちの思いが、そのきっかけになればこれほどうれしいことはない。

最後になりましたが、そんなアスリートたちの思いを理解して出版に踏み切ってくださった編集長の古屋信吾さん、拙稿を丁寧に読み込んで編集していただいた松浦早苗さん、豊中運動場の意義について原稿を寄せていただいた阪急文化財団の正木喜勝さんに、深く感謝申し上げます。

坂夏樹

■豊中運動場の歴史

▼1913（大正2）年

5月　豊中運動場完成
6月　野球・慶応大－スタンフォード大
8月　第1回関西学生連合野球大会（参加20校）
10月　野球・ワシントン大－早稲田大、明治大
　　第2回大阪実業団野球大会（優勝＝中嶋商店）
　　第1回日本オリムピック大会
11月　大改修工事（赤レンガ壁や観覧席建設）

▼1914（大正3）年

4月　大阪実業団野球春季大会（優勝＝大日本人造肥料）
　　※宝塚歌劇公演はじまる（4月）
　　※昭憲皇太后崩御（4月）
5月　第2回日本オリンピック大会中止

※発疹チフスが流行（5月）
8月　※欧州大戦（第一次世界大戦）勃発（7月）
第2回関西学生連合野球大会（優勝＝大阪商業）
10月　大阪実業団野球秋季大会（優勝＝大日本人造肥料）

▼1915（大正4）年

1月　慶応大野球部が冬季合宿
5月　第2回日本オリンピック大会
8月　第3回関西学生連合野球大会（優勝＝神戸一中）
第1回全国中等学校優勝野球大会（優勝＝京都二中）
9月　第9回大阪実業団野球大会（優勝＝百三十銀行）
10月　日本野球協会発会式
野球・シカゴ大－早稲田大
※大正天皇御大典（11月）
12月　早稲田大野球部が冬季合宿

▼1916（大正5）年

3月　第10回大阪実業団野球大会（優勝＝津田商店）
5月　第3回日本オリンピック大会
6月　陸上競技練習会（合同強化トレーニング）
8月　第1回大阪野球大会（優勝＝市岡中）
　　　第2回全国中等学校優勝野球大会（優勝＝慶応普通部）
　　　※コレラが大流行（8月）
9月　第11回大阪実業団野球大会
11月　野球・慶応大－ハワイ・セントルイス大
12月　京都大阪神戸三都対抗陸上競技大会（優勝＝神戸）

▼1917（大正6）年

4月　第4回浪華実業団野球大会
5月　日本・フィリピンオリンピック大会
　　　野球・早稲田大－フィリピン大
8月　第2回大阪野球大会（優勝＝明星商業）

9月　第5回浪華実業団野球大会（優勝＝古河合名）
※淀川大水害が発生（10月）

▼1918（大正7）年

1月　第1回日本フートボール優勝大会（優勝＝全同志社、御影師範）
※箕面有馬電気軌道が阪神急行電鉄と社名変更（2月）
3月　第6回浪華実業団野球大会（優勝＝大阪電灯、古河商事2部）
5月　関西専門学校野球大会（優勝＝大阪高商）
8月　第3回大阪野球大会（優勝＝市岡中）
※米騒動勃発　第4回全国中等学校優勝野球大会中止
9月　第7回浪華実業団野球大会（優勝＝古河商事、平松商店）
シアトル旭倶楽部遠征
※スペイン風邪第1波流行（9月）
10月　第1回中等学校陸上競技大会
11月　第4回日本オリンピック大会
※第一次世界大戦終結（11月）

12月　早稲田大野球部が冬季合宿

▼1919（大正8）年

1月　第2回日本フットボール優勝大会（優勝＝三高、御影師範）

※スペイン風邪第2波流行（1月）

3月　第8回浪華実業団野球大会（優勝＝古河商事、三栄商会）

5月　第2回中等学校陸上競技大会

8月　第4回大阪野球大会（優勝＝市岡中）

9月　第1回全国専門学校野球大会（優勝＝関西学院）

第9回浪華実業団野球大会（優勝＝三栄商会、茂木合名）

12月　慶応大野球部が冬季合宿

▼1920（大正9）年

1月　第3回日本フットボール優勝大会（優勝＝同志社中、御影師範）

4月　第10回浪華実業団野球大会（優勝＝杉村倉庫、中森商店）

8月　第5回大阪野球大会（優勝＝明星商業）

第2回全国専門学校野球大会（優勝＝関西学院）
9月　第11回浪華実業団野球大会（優勝＝杉村倉庫、山口銀行）
12月　法政大野球部が冬季合宿

▼1921（大正10）年

2月　第4回日本フットボール優勝大会（優勝＝同志社中、御影師範）
3月　第12回浪華実業団野球大会（優勝＝杉村倉庫、初塚商店）
7月　第6回大阪野球大会（優勝＝市岡中）
9月　バンクーバー旭遠征
第13回浪華実業団野球大会（優勝＝杉村倉庫、今宮職工学校）
10月　カナディアン・スターズ遠征
シャーマン・インディアン遠征
12月　慶応大野球部が冬季合宿

▼1922（大正11）年

2月　第5回日本フットボール優勝大会（優勝＝同志社中、御影師範）

4月　第2回全国実業団野球大会（優勝＝杉村倉庫）
6月　宝塚運動場完成
夏　豊中運動場を閉鎖

▼1923（大正12）年
※関東大震災（9月）

▼1924（大正13）年
※甲子園大運動場（現・甲子園球場）が開場（8月）
※明治神宮外苑競技場（現・国立競技場）が開場（10月）

■参考資料

大阪朝日新聞記事（1913年5月～1922年5月）
大阪毎日新聞記事（1913年5月～1922年5月）
『運動年鑑』（朝日新聞社編・刊、1919年度～1922年度版）
『全国高等学校野球選手権大会史』（朝日新聞社編・刊）
『全国高等学校野球選手権大会50年史』（朝日新聞社編、朝日新聞社・日本高等学校野球連盟刊）
『全国高等学校ラグビーフットボール大会50回の歩み』（第50回全国高等学校ラグビーフットボール大会実行委員会）
『高校サッカー60年史』（全国高等学校体育連盟サッカー部編・刊）
『スポーツは陸から海から大空へ 水野利八物語』（編集委員会編、ベースボール・マガジン社刊）
『日本スポーツ百年』（日本体育協会編・刊、昭和45年発行）
『大正時代の体育・スポーツ第1集』（島田正士編、さつき書房刊）
『阪急ブレーブス五十年史』（阪急ブレーブス・阪急電鉄株式会社編、阪急ブレーブス刊）
『青春の三本線 市岡野球部80年史』（市岡野球倶楽部編）
『大社高等学校野球部史』（同編纂委員会、野球部史刊行会〔島根県立大社高等学校内〕刊）
『阪急電鉄社史』
『豊中市史』（豊中市史編纂委員会編、豊中市刊）
『鳴尾村誌』（鳴尾村誌編纂委員会編、西宮市鳴尾区有財産管理委員会）
広報誌「山容水態」（箕面有馬電気軌道、1913年～1916年）
地域密着新聞「マチゴト・豊中池田」（http://machigoto.jp）

著者略歴

一九六一年、大阪府に生まれる。大阪、京都、兵庫、愛知、山陰などでの勤務経験がある全国紙の元記者。大阪では、行政や選挙をメインに取材、京都では、警察、司法、行政などを主に担当した。一方で、バブル経済期の闇社会の実態に迫る特命取材にたずさわったほか、平和問題や戦争体験、人権問題を取材テーマにした。

著書には『千二百年の古都 闇の金脈人脈』『命の救援電車』（以上、さくら舎）がある。

一九一五年《ねん》夏《なつ》 第《だい》一回《いっかい》全国《ぜんこく》高校《こうこう》野球《やきゅう》大会《たいかい》
——幻《まぼろし》のグラウンドの第一号《だいいちごう》アスリートたち

二〇二一年六月二八日　第一刷発行

著者　坂《さか》 夏樹《なつき》

発行者　古屋信吾

発行所　株式会社さくら舎　http://www.sakurasha.com
東京都千代田区富士見一-二-一一　〒一〇二-〇〇七一
電話　営業　〇三-五二一一-六五三三　ＦＡＸ　〇三-五二一一-六四八一
編集　〇三-五二一一-六四八〇　振替　〇〇一九〇-八-四〇二〇六〇

装丁　石間 淳

印刷・製本　中央精版印刷株式会社

©2021 Saka Natsuki Printed in Japan

ISBN978-4-86581-300-5

本書の全部または一部の複写・複製・転訳載および磁気または光記録媒体への入力等を禁じます。これらの許諾については小社までご照会ください。

落丁本・乱丁本は購入書店名を明記のうえ、小社にお送りください。送料は小社負担にてお取り替えいたします。なお、この本の内容についてのお問い合わせは編集部あてにお願いいたします。

定価はカバーに表示してあります。